Berufskraftfahrer Kompass

EU-Weiterbildung für die Lenker
von LKW und Bussen

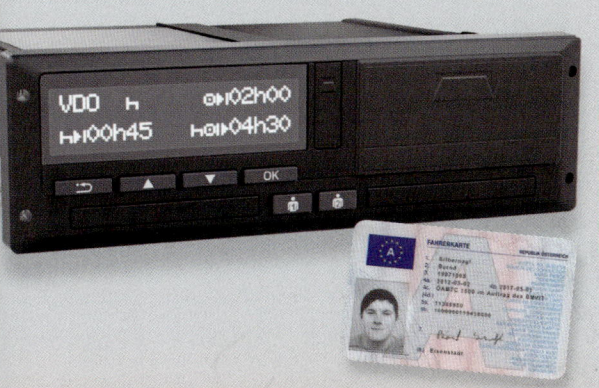

Arbeitszeitrecht und
Sozialvorschriften für Kraftfahrer

Bestell-Nr. 31311

3. Auflage

W0052052

VERKEHRSVERLAG
MEIXNER

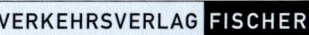
VERKEHRSVERLAG FISCHER

ISBN 978-3-903169-12-8 • Bestell-Nr. 31311

Copyright © 2018 – 3. Auflage

Herstellung und Vertrieb:

Marion Meixner
A - 7000 Eisenstadt
Sandgrubweg 2
Telefon: +43 (0)268221007
E-Mail: info@marktplatz-meixner.at
Internet: www.marktplatz-meixner.at

Vertrieb in Deutschland

VERKEHRSVERLAG FISCHER

Verkehrs-Verlag J. Fischer GmbH & Co. KG,
Corneliusstraße 49, D - 40215 Düsseldorf

Telefon: +49 (0)211 / 9 91 93 - 0
Telefax: +49 (0)211 / 6 80 15 44

E-Mail: vvf@verkehrsverlag-fischer.de
Internet: verkehrsverlag-fischer.de

Inhalt

Seiten

Inhalt

Inhalt

Inhalt

Inhalt

Inhalt

Thema:

Dieses Buch wird für die Sachbereiche 2a und 2b der Berufskraftfahrerweiterbildung empfohlen.

Arbeitszeitrecht und Sozialvorschriften für Kraftfahrer

Über die allgemeinen Vorschriften des Arbeitszeitrechts hinaus gelten für die Berufskraftfahrer spezielle Regeln über die Lenk- und Ruhezeiten. Bei der Erstellung dieses Buches wurde versucht die Vorschriften strukturiert darzustellen und anhand von Beispielen für den Lenker praxisgerecht aufzuarbeiten.

Vorschriften für den Güterverkehr

Der Transport von Gütern ist durch eine Reihe von nationalen und internationalen Gesetzen und Verordnungen reglementiert. Die wichtigsten Vorschriften werden ebenfalls in der Broschüre praxisgerecht zusammengefasst. Zudem werden Begleitpapiere beschrieben und ihre Handhabung erläutert. Außerdem werden die Regeln für die Beförderung bestimmter Güter vorgestellt.

Obwohl zu den Themen gewissenhaft recherchiert wurde und die Unterlagen nach bestem Wissen ausgearbeitet wurden, können Fehler nicht ausgeschlossen werden. Der Autor und der Verlag übernehmen daher keinerlei Garantie, Haftung oder Verantwortung für eventuelle Unrichtigkeiten.

Franz Mahrhauser
Horst Meixner
Michael Reim

1 Sozialvorschriften im Straßenverkehr

1.1 Nationale Vorschriften

Höchstzulässige Arbeitszeiten in der Verkehrsbranche

Grundlage bildet hier das **Arbeitszeitgesetz (AZG)** und das **Arbeitsruhegesetz (ARG).**

Das Arbeitszeitgesetz und das Arbeitsruhegesetz sind Schutzvorschriften für Arbeitnehmer, das heißt ausschließlich der Arbeitgeber kann gegen Vorschriften dieses Gesetzes verstoßen.

Das Arbeitszeitgesetz und das Arbeitsruhegesetz gelten ausschließlich in Österreich.

Die Bestimmungen gelten zum Schutze für Arbeitnehmer eines in Österreich ansässigen Unternehmens. Die Richtlinie 2002/15/EG der europäischen Union bietet Rahmenbedingungen für die einzelnen Mitgliedsstaaten.
Diese wurde durch das Arbeitszeitgesetz und Arbeitsruhegesetz und für selbständige Kraftfahrer im Güterbeförderungsgesetz in das nationale Recht umgesetzt.

Im § 28 des Arbeitszeitgesetzes und im § 27 des Arbeitsruhegesetzes sind die Strafbestimmungen geregelt.

Verstöße gegen diese Vorschriften können mit einer Strafe von bis zu 3.600 Euro geahndet werden.

Bestimmungen zur Lenkerrichtlinie

Für das Lenken von Fahrzeuge die der Verordnung (EG) 561/2006 unterliegen, gelten zusätzlich die Bestimmungen der Lenkerrichtlinie des Arbeitszeitgesetzes und des Arbeitsruhegesetzes.

Für das Lenken sonstiger Fahrzeuge (z.B. Fahrzeuge zur Güterbeförderung unter 3,5 t) sind die Vorschriften des Arbeitszeitgesetzes und Arbeitsruhegesetzes anzuwenden.

Bestimmungen für Fahrzeuge unter 3,5 t und Fahrzeugen die von der EU-Verordnung ausgenommen sind

Lenkzeit *§ 14a AZG*

Tägliche Lenkzeit:

Innerhalb der zulässigen Arbeitszeit darf die gesamte tägliche Lenkzeit zwischen zwei Ruhezeiten **acht Stunden nicht überschreiten**.

Der Kollektivvertrag, für Betriebe, für die kein Kollektivvertrag wirksam ist, die **Betriebsvereinbarung, kann zulassen, dass die Lenkzeit bis auf neun Stunden, zweimal wöchentlich jedoch bis auf zehn Stunden** ausgedehnt wird.

Wöchentliche Lenkzeit:

Innerhalb einer Woche darf die gesamte Lenkzeit **48 Stunden** nicht überschreiten.

Der **Kollektivvertrag**, für Betriebe, für die kein Kollektivvertrag wirksam ist, die Betriebsvereinbarung, kann eine Verlängerung der wöchentlichen Lenkzeit bis auf **56 Stunden** zulassen. Innerhalb eines Zeitraumes von **zwei aufeinander folgenden Wochen** darf die Lenkzeit **90 Stunden** nicht überschreiten.

Lenkpausen *§ 15 AZG*

Lenkpause:

Nach einer Lenkzeit von höchstens **vier Stunden** ist eine Lenkpause von **mindestens 30 Minuten** einzulegen.

Der **Kollektivvertrag** kann zulassen, dass anstelle der o.a. Lenkpause eine Lenkpause nach Art. 7 der Verordnung (EG) Nr. 561/2006 (**4,5 Stunden Lenkzeit – 45 min Pause**) einzulegen ist.

Es müssen auch die Bestimmungen über die Einsatzzeit § 16 AZG, das Fahrtenbuch bzw. Kontrollgerät § 17 AZG und die Aufzeichnungs- und Aufbewahrungspflicht gem. § 17b AZG eingehalten werden. Diese Bestimmungen sind gleichlautend wie für Fahrzeuge über 3,5 t und werden auf den nächsten Seiten näher beschrieben.

Tägliche Ruhezeit *§ 12 AZG*

Nach Beendigung der Tagesarbeitszeit ist dem Lenker eine ununterbrochene Ruhezeit von **mindestens 11 Stunden** zu gewähren

Wöchentliche Ruhezeit *§ 12 AZG*

Die wöchentliche Ruhezeit beträgt **36 Stunden**. Sie darf unterschritten werden oder ganz unterbleiben, wenn in einem kollektivvertraglich festgelegten Zeitraum eine durchschnittliche Ruhezeit von 36 Stunden erreicht wird. Zur Berechnung dürfen nur mindestens 24 stündige Ruhezeiten herangezogen werden.

Bestimmungen für Fahrzeuge über 3,5 t

Arbeitszeit *§ 13b AZG*

Die Arbeitszeit für Lenker umfasst die Lenkzeiten, die Zeiten für sonstige Arbeitsleistungen und die Zeiten der Arbeitsbereitschaft ohne die Ruhepausen.

Bei Teilung der täglichen Ruhezeit oder bei Unterbrechung der täglichen Ruhezeit bei kombinierter Beförderung beginnt eine neue Tagesarbeitszeit nach Ablauf der gesamten Ruhezeit.

Der Kollektivvertrag, für Betriebe, für die kein Kollektivvertrag wirksam ist, die Betriebsvereinbarung, kann zusätzlich zu den nach § 7 Abs. 1 AZG *(Bei Vorliegen eines erhöhten Arbeitsbedarfes kann die Arbeitszeit unbeschadet der Bestimmungen des § 8 über die nach den §§ 3 bis 5 zulässige Dauer um <u>fünf Überstunden in der einzelnen Woche</u> und darüber hinaus um <u>höchstens sechzig Überstunden innerhalb eines Kalenderjahres</u> verlängert werden. <u>Wöchentlich sind jedoch nicht mehr als zehn Überstunden</u> zulässig. Die Tagesarbeitszeit darf zehn Stunden nicht überschreiten.)* zulässigen Überstunden weitere Überstunden zulassen.

Die **wöchentliche Höchstarbeitszeit** darf in einzelnen Wochen **60 Stunden** und innerhalb eines **Durchrechnungszeitraumes von bis zu 17 Wochen im Durchschnitt 48 Stunden** nicht überschreiten.

17

Der Kollektivvertrag, für Betriebe, für die kein Kollektivvertrag wirksam ist, die Betriebsvereinbarung, kann den Durchrechnungszeitraum aus objektiven, technischen oder arbeitsorganisatorischen Gründen auf bis zu 26 Wochen verlängern.

Der Kollektivvertrag, für Betriebe, für die kein Kollektivvertrag wirksam ist, die Betriebsvereinbarung, kann abweichend eine durchschnittliche wöchentliche Höchstarbeitszeit von bis zu 55 Stunden zulassen, wenn zumindest die über 48 Stunden hinausgehende Arbeitszeit in Form von Arbeitsbereitschaft geleistet wird.

> Der **Arbeitgeber** hat den Lenker bei Begründung des Arbeitsverhältnisses bzw. **vor dem erstmaligen Einsatz als Lenker schriftlich aufzufordern**, ihm **schriftliche Aufzeichnungen** über all jene bei einem anderen Arbeitgeber **geleisteten Arbeitszeiten vorzulegen**, die ihm nicht ohnehin aufgrund des Herunterladens von der Fahrerkarte (gemäß § 17a Abs. 2) bekannt sind.

Ruhepausen *§ 13c AZG*

Innerhalb festgelegter Zeiten hat das Fahrpersonal längere und kürzere Ruhepausen einzulegen. Diese Zeiten sind nicht identisch mit den Lenkpausen nach der VO (EG) Nr. 561/2006 oder dem AETR.

Zunächst gehen diese Zeiten denen des Arbeitszeitgesetzes vor.

Müssen aufgrund der Regelungen der VO (EG) 561/2006 oder des AETR die Lenkpausen innerhalb der nachfolgenden Auflistung der Zeiten noch nicht eingelegt werden, so gelten dann die Ruhepausenregelungen nach dem Arbeitszeitgesetz.

Die **Tagesarbeitszeit**

1. ist bei einer Gesamtdauer zwischen **sechs und neun Stunden** durch eine Ruhepause von mindestens **30 Minuten**,

2. ist bei einer Gesamtdauer von **mehr als neun Stunden** durch eine Ruhepause von mindestens **45 Minuten**,

zu unterbrechen.

Die Ruhepause ist spätestens nach sechs Stunden einzuhalten.

Der zur Drucklegung gültige **Kollektivvertrag** für das Güterbeförderungsgewerbe sieht eine unbezahlte Ruhepause von **einer Stunde** spätestens nach einer Arbeitszeit von sechs Stunden vor.

Die Ruhepause kann in mehrere Teile von mindestens 15 Minuten aufgeteilt werden, wobei der erste Teil nach spätestens sechs Stunden Einzuhalten ist.

Für den regionalen Kraftfahrlinienverkehr kann durch Kollektivvertrag, bzw. durch Betriebsvereinbarung, auch zugelassen werden, dass die Ruhepause in einen Teil von mindestens 20 Minuten und einen bzw. mehrere Teile von mindestens zehn Minuten geteilt wird, wobei der erste Teil nach spätestens sechs Stunden einzuhalten ist.

Beispiel:

Ein Lenker fährt im Nahverkehr Kunden an, die ihren Sitz räumlich nicht weit voneinander entfernt haben.
Der Lenker hat eine summierte Lenkzeit von 3 Stunden und 45 Minuten, die Arbeitszeit (Lenkzeit und Abladevorgänge) beträgt jedoch bereits 6 Stunden.

Eine Lenkpause wäre (gemäß der VO (EG) Nr. 561/2006 Art.7) erst nach einer Lenkzeit von 4 Stunden und 30 Minuten erforderlich, die jedoch wie oben angeführt (3 Stunden und 45 Minuten) noch nicht erreicht wurde.

Aufgrund des AZG muss dieser Lenker nun aber eine Ruhepause von mindestens 30 Minuten einlegen. Würde der Lenker an diesem Tag länger als 9 Stunden arbeiten, so hat er mindestens 45 Minuten Ruhepause (mit Kollektivvertrag 1 Stunde) zu machen.

Nachtarbeit *§ 14 AZG*

Nacht ist die Zeit zwischen 0.00 Uhr und 04.00 Uhr
Nachtarbeit ist jede Tätigkeit, die in diesem Zeitraum ausgeübt wird.

Die Tagesarbeitszeit eines Lenkers darf an Tagen, an
denen er Nachtarbeit leistet, zehn Stunden nicht überschreiten.

Dem Lenker gebührt für Nachtarbeit binnen 14 Tagen ein
Ausgleich durch eine Verlängerung einer täglichen oder
wöchentlichen Ruhezeit im Ausmaß der geleisteten
Nachtarbeit.

Der Kollektivvertrag bzw. eine Betriebsvereinbarung kann
Abweichungen zulassen.

Einsatzzeit *§ 16 AZG*

Die **Einsatzzeit** von Lenkern umfasst die zwischen zwei
Ruhezeiten anfallende Arbeitszeit und die Arbeitszeitun-
terbrechungen.
Bei Teilung der täglichen Ruhezeit oder bei Unterbrechung der täglichen Ruhezeit bei kombinierter Beförderung beginnt eine neue Einsatzzeit nach Ablauf der gesamten Ruhezeit.

Bei Teilung der täglichen Ruhezeit im regionalen Kraftfahrlinienverkehr nach Ablauf des mindestens achtstündigen Teiles der Ruhezeit.

Die Einsatzzeit darf grundsätzlich zwölf Stunden nicht überschreiten.

Bei der Güterbeförderung (über 3,5 t) und Personenbeförderung (mehr als neun Personen) kann der Kollektivvertrag bzw. die Betriebsvereinbarung eine Verlängerung der Einsatzzeit soweit zulassen, dass die vorgeschriebene tägliche Ruhezeit eingehalten wird.

Das bedeutet:

Die Einsatzzeit darf innerhalb von 24 Stunden maximal 15 Stunden betragen.

Die Einsatzzeit ist immer abhängig von der einzuhaltenden täglichen Ruhezeit. Zum Beispiel bei einer nicht verkürzten täglichen Ruhezeit von 11 Stunden beträgt die maximale Einsatzzeit somit 13 Stunden.

Da der Tag nur 24 Stunden hat, können auch nur 24 Stunden als maximaler Zeitraum zu Grunde gelegt werden. Ein Tag kann somit nie länger, als 24 Stunden sein.

Kürzer kann jedoch der Fall sein, wenn der Lenker nach einer (Tages-)Ruhezeit und vor Ablauf von 24 Stunden nach der ersten Tätigkeitsaufnahme bereits wieder beginnt zu arbeiten oder zu lenken.

Nationale Bedingungen

Beispiel eines Tages mit maximal 24 Stunden

Beginn 23:00 Uhr   Ende 23 Uhr

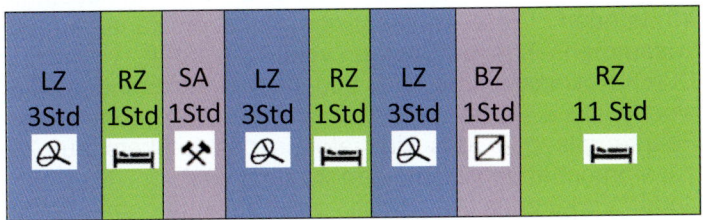

Summe der Arbeitszeit = 11 Stunden

Summe der „Nicht-Arbeitszeit" = 13 Stunden

Zeichenerklärung:

LZ – Lenkzeit –

SA – Sonstige Arbeiten –

RZ – Ruhezeit –

BZ – Bereitschaftszeit –

Wöchentliche Ruhezeit *§ 22b ARG*

Der Lenker hat in jeder Woche Anspruch auf eine ununterbrochene wöchentliche Ruhezeit von mindestens 45 Stunden. Diese wöchentliche Ruhezeit kann auf 36 zusammenhängende Stunden verkürzt werden.
Durch Kollektivvertrag kann zugelassen werden, dass die wöchentliche Ruhezeit außerhalb des Standortes des Fahrzeuges oder des Heimatortes des Lenkers auf 24 zusammenhängende Stunden verkürzt wird.
Jede Verkürzung ist durch eine zusammenhängende Ruhezeit auszugleichen, die vor Ende der auf die betreffende Woche folgenden dritten Woche zu nehmen ist. Diese als Ausgleich zustehende Ruhezeit ist zusammen mit einer anderen mindestens achtstündigen Ruhezeit zu gewähren, und zwar über Verlangen des Lenkers am Aufenthaltsort des Fahrzeugs oder am Heimatort des Lenkers.

Eine wöchentliche Ruhezeit, die in einer Woche beginnt und in die darauffolgende Woche reicht, kann auch der zweiten Woche zugerechnet werden.
Zwischen zwei wöchentlichen Ruhezeiten dürfen höchstens sechs Tage liegen. Durch Kollektivvertrag kann zugelassen werden, dass im grenzüberschreitenden Personenverkehr mit Ausnahme des Linienverkehrs zwischen zwei wöchentlichen Ruhezeiten höchstens zwölf Tage liegen dürfen und die wöchentlichen Ruhezeiten in einem Durchrechnungszeitraum von zwei Wochen spätestens am Ende der zweiten Woche zusammen gewährt werden.

Sonderbestimmungen über die wöchentliche Ruhezeit für Arbeitnehmer in Verkehrsbetrieben § 19 ARG

Für Arbeitnehmer in Verkehrsbetrieben im Sinne des Kraftfahrliniengesetzes bzw. Gelegenheitsverkehrsgesetzes, kann durch Kollektivvertrag die wöchentliche Ruhezeit und die Ruhezeit an Feiertagen abweichend geregelt werden.
Die wöchentliche Ruhezeit darf in einzelnen Wochen 36 Stunden unterschreiten oder ganz unterbleiben, wenn in einem kollektivvertraglich festgelegten Zeitraum eine durchschnittliche Ruhezeit von 36 Stunden erreicht wird. Zur Berechnung dürfen nur mindestens 24 stündige Ruhezeiten herangezogen werden.
In Fällen des besonderen Bedarfes kann zur Aufrechterhaltung des Verkehrs eine finanzielle Abgeltung der Ersatzruhe vorgesehen werden.

Abweichungen für Lenker im regionalen Kraftfahrlinienverkehr § 15a AZG

Für Lenker im regionalen Kraftfahrlinienverkehr kann durch Kollektivvertrag zugelassen werden, dass an Tagen, an denen eine tägliche Ruhezeit von mindestens zwölf Stunden eingehalten wird, diese Ruhezeit in zwei oder drei Abschnitten genommen werden kann, wobei ein Teil mindestens acht zusammenhängende Stunden, die übrigen Teile jeweils mindestens eine Stunde betragen müssen. In diesen Fällen beginnt eine neue Tagesarbeitszeit nach Ablauf des mindestens achtstündigen Teiles der Ruhezeit.

Weiters kann durch Kollektivvertrag zugelassen werden, dass die tägliche Ruhezeit dreimal wöchentlich auf mindestens neun zusammenhängende Stunden verkürzt wird. Wird die tägliche Ruhezeit verkürzt, ist dem Lenker bis zum Ende der folgenden Woche eine zusätzliche Ruhezeit im Ausmaß der Verkürzung zu gewähren. Diese als Ausgleich zustehende Ruhezeit ist zusammen mit einer anderen mindestens achtstündigen Ruhezeit zu gewähren.

Nach einer Lenkzeit von höchstens viereinhalb Stunden eine Lenkpause von mindestens 45 Minuten einzulegen. Durch Kollektivvertrag kann zugelassen werden, dass diese Lenkpause ersetzt wird durch

1. mehrere Lenkpausen von mindestens 15 Minuten, die in die Lenkzeit oder unmittelbar nach dieser so einzufügen sind, dass bei Beginn des letzten Teiles der Lenkpause die Lenkzeit von viereinhalb Stunden noch nicht überschritten sein darf, oder

2. eine Lenkpause von mindestens 15 Minuten und eine Lenkpause von mindestens 30 Minuten, wobei bei Beginn der zweiten Lenkpause die Lenkzeit von viereinhalb Stunden noch nicht überschritten sein darf, oder

3. mehrere Lenkpausen von mindestens je zehn Minuten, wenn die Gesamtdauer der Lenkpausen mindestens ein Sechstel der fahrplanmäßigen Lenkzeit beträgt, oder

4. eine Lenkpause von mindestens 30 Minuten nach einer ununterbrochenen Lenkzeit von höchstens viereinhalb Stunden.

Für Betriebe, für die kein Kollektivvertrag wirksam ist, kann die Betriebsvereinbarung diese Abweichungen zulassen.

Kontrollgerät und Fahrtenbuch *§ 17 AZG*

Fahrzeug, die im regionalen Kraftfahrlinienverkehr eingesetzt werden und mit einem analogen oder digitalen Kontrollgerät ausgestattet sind, haben diese zu verwenden.

Für alle sonstigen Kraftfahrzeuge (im Sinne des § 13 Abs. 1 Z 3 AZG – z.B. Kfz zur Güterbeförderung unter 3,5 t oder Kfz zur Personenbeförderung unter 9 Personen), die mit einem analogen oder digitalen Kontrollgerät ausgerüstet sind, gelten für die Verwendung des Kontrollgerätes die Vorschriften nur, soweit nicht anstelle der Verwendung des Kontrollgerätes ein Fahrtenbuch geführt wird.

Ist das Kraftfahrzeug

1. weder mit einem analogen noch einem digitalen Kontrollgerät ausgerüstet,
oder
2. wird auf die Verwendung des Kontrollgerätes verzichtet,

haben die Lenkerinnen und Lenker ein Fahrtenbuch zu führen.

Gemäß § 102 Abs. 5 Kraftfahrgesetz ist den Organen des öffentlichen Sicherheitsdienstes oder der Straßenaufsicht das gemäß § 17 AZG vorgeschriebene persönliche Fahrtenbuch auf Verlangen zur Überprüfung auszuhändigen

Die persönlichen Fahrtenbücher / Lenkprotokolle sind vom Arbeitgeber auszugeben, monatlich zu überprüfen (Datum und Unterschrift der Überprüfung sind anzubringen) und nach Ende der Mitführverpflichtung mindestens 24 Monate aufzubewahren.

Persönliches Fahrtenbuch / Lenkprotokoll *(Lenktpro-tokoll-Verordnung)*

Lenker (eventuell auch Beifahrer, wenn Sie sich im Fahrzeug befinden um es eventuell zu lenken) von Kraftfahrzeugen auf öffentlichen Straßen, haben ein persönliches Fahrtenbuch / Lenkprotokoll zu führen.

Ausgenommen davon sind Lenker von:

1. Selbstfahrende Arbeitsmaschinen,

2. Zugmaschinen, deren zulässige Höchstgeschwindigkeit 30 km in der Stunde nicht übersteigt,

3. Fahrzeuge der Kraftfahrzeugindustrie, des Fahrzeughandels und -handwerks bei Überstellungs- und Probefahrten,

4. Kraftwagen, die der gewerbsmäßigen Personenbeförderung dienen und mit einem Taxameter ausgerüstet sind,

5. sonstige Kraftwagen im Sinne des § 2 Abs. 1 Z 5 und 6 KFG 1967 (Personenkraftwagen, Kombinationskraftwagen), wenn diese nicht der gewerbsmäßigen Personenbeförderung dienen,

6. Spezialfahrzeuge zur Durchführung von Geld- oder Werttransporten gemäß § 5 Abs. 2 der Lenker/innen-Ausnahmeverordnung – L-AVO, BGBl. II Nr. 10/2010,

7. Kraftfahrzeuge zur Güterbeförderung mit nicht mehr als 3,5 t zulässigem Gesamtgewicht, wenn das Lenken eines Kraftfahrzeuges nicht die berufliche Haupttätigkeit der Lenkerin/des Lenkers ist und die Lenkzeit während einer Kalenderwoche

   a) täglich weniger als zwei Stunden beträgt, oder

b) täglich weniger als vier Stunden, sofern die wöchentliche Lenkzeit weniger als ein Fünftel der Wochenarbeitszeit (§ 3 Abs. 1 AZG) beträgt.

Persönliches Fahrtenbuch / Lenkprotokoll

Die Lenkprotokolle haben folgende Felder zur Eintragung zu enthalten:

1. Vor- und Zuname der Lenkerin/des Lenkers,

2. Datum,

3. behördliche Kennzeichen des oder der Kraftfahrzeuge,

4. Kilometerstand bei Beginn und bei Ende des Arbeitstages sowie bei Fahrzeugwechsel,

5. die folgenden Zeitangaben:

   a) Beginn und Ende der Einsatzzeit,

   b) Beginn und Ende der Ruhepausen,

   c) Beginn und Ende von Lenkpausen, soweit sie nicht mit Ruhepausen zusammenfallen,

   d) Beginn und Ende aller sonstigen Arbeitszeiten,

   e) Gesamtdauer der Lenkzeit,

6. Unterschrift der Lenkerin/des Lenkers,

7. Bemerkungen.

Nationale Bedingungen

Der Einsatz **elektronischer Geräte zur Aufzeichnung** der genannten Daten anstelle des Lenkprotokolls ist zulässig, sofern:

1. die Daten nach Abs. 1 von den Lenkerinnen/Lenkern laufend selbst eingegeben werden können und jederzeit abrufbar sind,

2. alle Daten einem bestimmten Lenker zugeordnet werden können,

3. alle Daten vollständig, geordnet, inhaltsgleich, authentisch und in einem System zusammengefasst sind und wiedergegeben werden können und

4. die Einsichtnahme in die Daten, die Vorlage sowie auf Verlangen die Übermittlung der Daten, jeweils in lesbarer Form, an die zuständigen Behörden und ihre Organe jederzeit gewährleistet ist. Auf Verlangen ist auch ein Ausdruck dieser Daten vorzunehmen.

Pflichten des Lenkers

- Die Lenker haben an Tagen, an denen sie ein Kraftfahrzeug lenken, laufend Eintragungen in das Lenkprotokoll vorzunehmen. (Die Aufzeichnung der Gesamtdauer der Lenkzeit kann durch den Arbeitgeber erfolgen, spätestens jedoch vor Beginn der Aufbewahrung.)

- Die Lenkprotokolle der letzten 28 Kalendertage mit sich zu führen.

- Diese Protokolle sind den Kontrollorganen über deren Verlangen vorzuweisen.

- Eine Verwendung verschiedener Lenkprotokolle an einem Tag ist nicht zulässig.

Die Lenker haben die Lenkprotokolle dem Arbeitgeber mindestens einmal monatlich zur Überprüfung und Unterfertigung vorzulegen.

Nach dem Ende der Frist (28 Kalendertage) sind die Protokolle dem Arbeitgeber zur Aufbewahrung zu übergeben.

Die Lenker haben das Lenkprotokoll selbst auszufüllen und zu unterschreiben.

Eintragungen sind händisch vorzunehmen; sie dürfen nicht durch Radieren oder Überschreiben ausgebessert oder geändert werden. Fehler, selbst Schreibfehler, sind im Feld „Bemerkungen" zu berichtigen. Streichungen fehlerhafter Eintragungen sind ohne Eintragung im Feld „Bemerkungen" nur zulässig, wenn der Inhalt der ursprünglichen Eintragungen erkennbar bleibt.

Digitales Kontrollgerät § 17a AZG

Der Arbeitgeber hat den Lenker ausreichend und nachweislich in der Handhabung zu unterweisen und eine Bedienungsanleitung und genügend geeignetes Papier zur Verfügung zu stellen.

Weiters hat er dafür Sorge zu tragen, dass der Lenker all seine Verpflichtungen einhält.
Insbesondere:

- manuelle Eingaben gem. § 102a KFG sowie VO (EU) Nr. 165/2014 Art. 34.
- Mitführverpflichtungen gem. Art 36 Abs. 2 VO (EU) 165/2014
- Mitführverpflichtung einer abgelaufenen Fahrerkarte gemäß § 102a Abs. 7 KFG.

Der Arbeitgeber hat dafür Sorge zu tragen, dass alle relevanten Daten aus dem digitalen Kontrollgerät und von der Fahrerkarte eines Lenkers lückenlos elektronisch herunter geladen und auf einen externen Datenträger übertragen werden.
Das Herunterladen, Übertragen und Sichern der Daten hat zu erfolgen:

1.) bei den Daten aus dem **digitalen Kontrollgerät**:

a) spätestens drei Monate nach dem letzten Herunterladen,

b)   im Falle eines Wechsels des Zulassungsbesitzers unmittelbar vor der Abmeldung des Fahrzeuges gemäß § 43 KFG,

c)   im Falle einer Aufhebung der Zulassung des Fahrzeugs gemäß § 44 KFG unmittelbar nachdem davon Kenntnis erlangt wird,

d)   unmittelbar vor oder nach einer Überlassung des Fahrzeugs, wenn diese aufgrund der Vermietung des Fahrzeugs oder einem vergleichbaren Rechtsgeschäft erfolgt,

e)   unmittelbar vor einem Austausch des Kontrollgeräts,

f)   im Falle eines Defekts einer Fahrerkarte, sobald davon Kenntnis erlangt wird;

2.) bei den Daten von der **Fahrerkarte eines Lenkers**:

a)   spätestens alle 28 Tage,

b)   unmittelbar vor Beginn und Ende eines   Beschäftigungsverhältnisses,

c)   unmittelbar vor Ablauf der Gültigkeit der Fahrerkarte.

Er hat dem Arbeitsinspektorat diese Daten auf seine Kosten in elektronischer Form und einschließlich jener Hilfsmittel zur Verfügung zu stellen, die notwendig sind, um die Daten lesbar zu machen.

Auf Verlangen ist auch ein Ausdruck dieser Daten vorzunehmen.

Aufzeichnungs- und Aufbewahrungspflicht §17b AZG

Der Arbeitgeber hat Aufzeichnungen über sämtliche geleisteten Arbeitsstunden von Lenkern zu führen und alle Lenkeraufzeichnungen **mindestens 24 Monate** lang aufzubewahren, wobei diese Frist bei einer Durchrechnung der Arbeitszeit mit dem Ende des Durchrechnungszeitraumes beginnt.
Diese Aufzeichnungen sind dem Arbeitsinspektorat lückenlos und geordnet nach Lenker und Datum zur Verfügung zu stellen.

Als Lenkeraufzeichnungen gelten neben sämtlichen herunter geladenen, übertragenen und gesicherten Daten auch die Ausdrucke vom Kontrollgerät, Schaublätter, Arbeitszeitpläne, Fahrtenbücher sowie alle sonstigen Arbeitszeitaufzeichnungen.

Sonderbestimmungen Kollektivvertrag Autobus

Regionaler Kraftfahrlinienverkehr mit einer Linienstrecke von nicht mehr als 50 km

Lenkpause

Nach einer **Lenkzeit von höchstens 4 Stunden**, ist eine **Lenkpause von mindestens 30 Minuten** einzulegen, die durch Lenkpausen von 2 x 20 Minuten oder 3 x 15 Minuten ersetzt werden darf.

Ruhepausen

Die tägliche **unbezahlte Ruhepause** beträgt höchstens **eineinhalb Stunden**.
Die Ruhepause kann in einen Teil von mindestens 30 Minuten und einen bzw. mehrere Teile von mindestens 15 Minuten geteilt werden.
Der erste Teil ist **spätestens nach sechs Stunden einzuhalten**.

Allgemeine Bestimmungen

Ruhepause

Die tägliche unbezahlte Ruhepause beträgt höchstens eineinhalb Stunden. Die tägliche unbezahlte Ruhepause kann in mehrere Teile von mindestens 15 Minuten aufgeteilt werden. Bei Teilung der unbezahlten Ruhepause ist der erste Teil spätestens nach sechs Stunden einzuhalten.

Vor- und Abschlussarbeiten für Lenker im Kraftfahrlinienverkehr

In den Fällen, in denen am Beginn und am Ende einer Einsatzzeit kein "fliegender Fahrerwechsel" vorliegt ist dem Fahrpersonal eine **Zeitpauschale von 25 Minuten** einmalig für jede Tagesarbeitszeit vom Arbeitgeber zur Verfügung zu stellen.
Vor- und Abschlussarbeiten sind Bestandteil der Arbeitszeit und umfassen folgende Tätigkeiten:

- Überprüfung des Fahrzeuges gemäß § 102 Absatz 1 KFG sowie sonstiger gesetzlicher Vorschriften zur Inbetriebnahme und Abstellen des Fahrzeuges

- Bedienung des digitalen oder analogen Kontrollgeräts

- Ordnungsgemäße In- und Außerbetriebnahme des Fahrscheindruckers bzw. Bordrechners

Nationale Bedingungen

- Fahrscheingebarung

- Bedienung der Fahrzielanzeige

- Kontrollgang durch das Fahrzeug nach Abstellen gem. Kraftfahrliniengesetz

- Durchführung einer Grobreinigung des Busses, die ausschließlich als Trockenreinigung zur Entfernung fester Stoffe durchgeführt wird, oder – im Falle einer Reinigung durch Dritte – Betankung des Fahrzeuges

1.2 INTERNATIONALE VORSCHRIFTEN

Anwendung und Grundsätze

Die Lenk- und Ruhezeiten nach der Verordnung (EG) Nr. 561/2006 und dem AETR gelten für alle Fahrzeuge zur Güterbeförderung, einschließlich Anhänger oder Sattelanhänger, deren zulässige Höchstmasse 3,5 t übersteigt und für Fahrzeuge zur Personenbeförderung, die für die Beförderung von mehr als neun Personen einschließlich des Fahrers konstruiert und bestimmt sind und eingesetzt werden.

Geltungsbereich

Die **Verordnung (EG) Nr. 561/2006** gilt – unabhängig vom Land der Zulassung des Fahrzeugs – für Beförderungen im Straßenverkehr ausschließlich innerhalb der Gemeinschaft oder zwischen der Gemeinschaft und den Vertragsstaaten des Abkommens über den Europäischen Wirtschaftsraum.

Das **AETR (EUROPÄISCHES ÜBEREINKOMMEN ÜBER DIE ARBEIT DES IM INTERNATIONALEN STRASSENVERKEHR BESCHÄFTIGTEN FAHRPERSONALS)** gilt anstelle der Verordnung (EG) Nr. 561/2006 für grenzüberschreitende Beförderungen im Straßenverkehr, die teilweise außerhalb der europäischen Gebiete bzw. der Mitgliedsstaaten der EU und Norwegen, Island und Lichtenstein erfolgen.

So gilt das AETR:

a)   im Falle von Fahrzeugen, die in der Gemeinschaft oder in Staaten, die Vertragsparteien des AETR sind, zugelassen sind, für die gesamte Fahrstrecke;

b)   im Falle von Fahrzeugen, die in einem Drittstaat, der nicht Vertragspartei des AETR ist, zugelassen sind, nur für den Teil der Fahrstrecke, der im Gebiet der Gemeinschaft oder von Staaten liegt, die Vertragsparteien des AETR sind.

Beispiele:

Fahrt eines österreichischen LKWs von Deutschland nach Italien unterliegt der Verordnung (EU) Nr. 561/2006

Fahrt eines österreichischen LKWs von Österreich nach Kasachstan unterliegt dem AETR.

Fahrt eines irakischen LKWs (kein AETR Mitgliedstaat) von Irak nach Österreich unterliegt dem AETR.

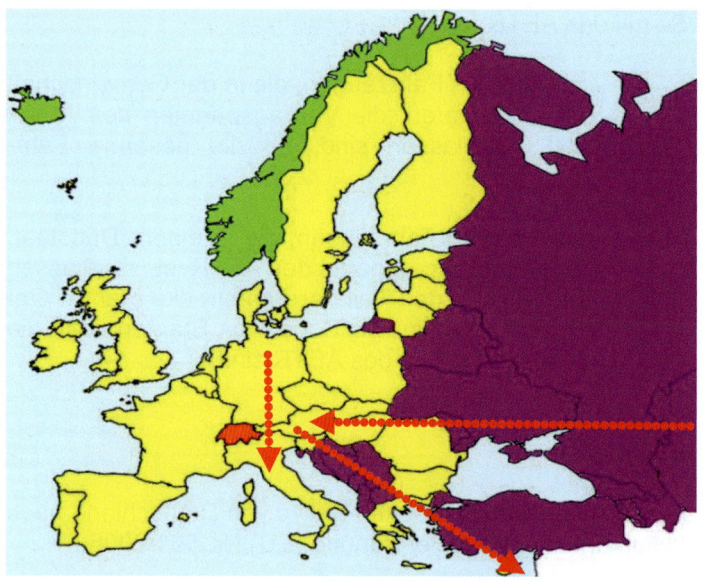

AETR Mitgliedstaaten

alle EU-Staaten,

die EWR Staaten Fürstentum Liechtenstein, Island und Norwegen

sowie die Staaten Albanien, Andorra, Aserbaidschan, Belarus, Bosnien und Herzegowina, Kasachstan, Mazedonien, Moldawien, Russland, Schweiz, Serbien und Montenegro, Türkei, Turkmenistan, Ukraine und Usbekistan

---

Definitionen und Begriffsbestimmungen

Andere Arbeiten sind alle in Artikel 3 Buchstabe a der Richtlinie 2002/15/EG als „**Arbeitszeit**" definierten Tätigkeiten mit Ausnahme der Fahrtätigkeit sowie jegliche Arbeit für denselben oder einen anderen Arbeitgeber, sei es inner- oder außerhalb des Verkehrssektors.

„Arbeitszeit" ist

1. beim *Lenker*: die Zeitspanne zwischen Arbeitsbeginn und Arbeitsende, während der der Beschäftigte an seinem Arbeitsplatz ist, dem Arbeitgeber zur Verfügung steht und während der er seine Funktion oder Tätigkeit ausübt, d.h. die Zeit sämtlicher Tätigkeiten im Straßenverkehr.

   Diese Tätigkeiten umfassen insbesondere Folgendes:
   → Fahren,
   → Be- und Entladen,
   → Hilfe beim Ein- und Aussteigen der Fahrgäste,
   → Reinigung und technische Wartung,
   → alle anderen Arbeiten, die dazu dienen, die Sicherheit des Fahrzeugs, der Ladung und der Fahrgäste zu gewährleisten bzw. die gesetzlichen oder behördlichen Formalitäten, die einen direkten Zusammenhang mit der gerade ausgeführten spezifischen Transporttätigkeit aufweisen, zu erledigen; hierzu gehören auch: Überwachen des Beladens/Entladens, Erledigung von Formalitäten im Zusammenhang mit Polizei, Zoll, Einwanderungsbehörden usw.;

→ die Zeiten, in denen er Lenker nicht frei über seine Zeit verfügen kann und sich an seinem Arbeitsplatz bereithalten muss, seine normale Arbeit aufnimmt, wobei er bestimmte mit dem Dienst verbundene Aufgaben ausführt, insbesondere während der Zeit des Wartens auf das Be- und Entladen, wenn deren voraussichtliche Dauer nicht im Voraus bekannt ist, d.h. entweder vor der Abfahrt bzw. unmittelbar vor dem tatsächlichen Beginn des betreffenden Zeitraums oder gemäß den allgemeinen zwischen den Sozialpartnern ausgehandelten und/oder durch die Rechtsvorschriften der Mitgliedstaaten festgelegten Bedingungen.

2. bei **selbstständigen Kraftfahrern** gilt die gleiche Definition: Zeitspanne zwischen Arbeitsbeginn und Arbeitsende, in der sich der selbstständige Kraftfahrer an seinem Arbeitsplatz befindet, dem Kunden zur Verfügung steht und während derer er seine Funktionen oder Tätigkeiten ausübt.

Achtung: Dies umfasst nicht allgemeine administrative Tätigkeiten, die keinen direkten Zusammenhang mit der gerade ausgeführten spezifischen Transporttätigkeit aufweisen!

Nicht zur Arbeitszeit gerechnet werden die Ruhepausen, die Ruhezeiten sowie, unbeschadet der Rechtsvorschriften der Mitgliedstaaten oder der Vereinbarungen der Sozialpartner, nach denen derartige Zeiten ausgeglichen oder begrenzt werden, die Bereitschaftszeit.

Aktivierung ist die Phase, in der der Fahrtenschreiber mit Hilfe einer Werkstattkarte seine volle Einsatzbereitschaft erlangt und alle Funktionen, einschließlich Sicherheitsfunktionen, erfüllt;

Anhänger ist jedes Fahrzeug, das dazu bestimmt ist, an ein Kraftfahrzeug oder eine Zugmaschine angehängt zu werden.

Beförderung im Straßenverkehr ist jede ganz oder teilweise auf einer öffentlichen Straße durchgeführte Fahrt eines zur Personen- oder Güterbeförderung verwendeten leeren oder beladenen Fahrzeugs.

Bewegungssensor ist der Bestandteil des Fahrtenschreibers, der ein Signal bereitstellt, das die Fahrzeuggeschwindigkeit und/oder die zurückgelegte Wegstrecke darstellt;

Fahrtenschreiber oder **Kontrollgerät** ist das für den Einbau in Kraftfahrzeuge bestimmte Gerät zum vollautomatischen oder halbautomatischen Anzeigen, Aufzeichnen, Ausdrucken, Speichern und Ausgeben von Angaben über die Fahrten des Fahrzeugs, einschließlich seiner Fahrgeschwindigkeit, gemäß Artikel 4 Absatz 3 VO (EU) 165/2014 sowie von Angaben über bestimmte Tätigkeitszeiten der Fahrer.

- **analoger Fahrtenschreiber** ist ein Fahrtenschreiber, bei dem ein Schaublatt in Einklang mit dieser Verordnung verwendet wird;
- **digitaler Fahrtenschreiber** ist ein Fahrtenschreiber, bei dem eine Fahrtenschreiberkarte in Einklang mit dieser Verordnung verwendet wird;

Fahrer / Lenker ist jede Person, die das Fahrzeug, sei es auch nur kurze Zeit, selbst lenkt oder sich in einem Fahrzeug befindet, um es – als Bestandteil seiner Pflichten – gegebenenfalls lenken zu können.

Fahrtunterbrechung beschreibt jeden Zeitraum, in dem der Fahrer keine Fahrtätigkeit ausüben und keine anderen Arbeiten ausführen darf und der ausschließlich zur Erholung genutzt wird.

Fahrzeug ist ein Kraftfahrzeug, eine Zugmaschine, ein Anhänger oder Sattelanhänger oder eine Kombination dieser Fahrzeuge gemäß den nachstehenden Definitionen.

„**Kraftfahrzeug**": jedes auf der Straße verkehrende Fahrzeug mit Eigenantrieb, das normalerweise zur Personen- oder Güterbeförderung verwendet wird, mit Ausnahme von dauerhaft auf Schienen verkehrenden Fahrzeugen;

„**Zugmaschine**": jedes auf der Straße verkehrende Fahrzeug mit Eigenantrieb, das speziell dafür ausgelegt ist, Anhänger, Sattelanhänger, Geräte oder Maschinen zu ziehen, zu schieben oder zu bewegen, mit Ausnahme von dauerhaft auf Schienen verkehrenden Fahrzeugen;

„**Anhänger**": jedes Fahrzeug, das dazu bestimmt ist, an ein Kraftfahrzeug oder eine Zugmaschine angehängt zu werden;

„**Sattelanhänger**": ein Anhänger ohne Vorderachse, der so angehängt wird, dass ein beträchtlicher Teil seines Eigengewichts und des Gewichts seiner Ladung von der Zugmaschine oder vom Kraftfahrzeug getragen wird;

Fahrzeugeinheit ist der Fahrtenschreiber ohne den Bewegungssensor und ohne die Verbindungskabel zum Bewegungssensor. Die Fahrzeugeinheit kann aus einem Einzelgerät oder aus mehreren im Fahrzeug verteilten Geräten bestehen, sofern sie den Sicherheitsanforderungen dieser Verordnung entspricht; die Fahrzeugeinheit umfasst unter anderem eine Verarbeitungseinheit, einen Massenspeicher, eine Zeitmessfunktion, zwei Chipkarten-Schnittstellengeräte für Fahrer und Beifahrer, einen Drucker, eine Datenanzeige, Steckverbinder und Bedienelemente für Nutzereingaben;

Kalibrierung des digitalen Fahrtenschreibers ist die mit Hilfe der Werkstattkarte vorgenommene Aktualisierung oder Bestätigung von Fahrzeugparametern einschließlich der Fahrzeugkennung und der Fahrzeugmerkmale, die im Massenspeicher zu speichern sind;

Lenkdauer ist die Gesamtlenkzeit zwischen dem Zeitpunkt, zu dem ein Lenker nach einer Ruhezeit oder einer Fahrtunterbrechung beginnt, ein Fahrzeug zu lenken, und dem Zeitpunkt, zu dem er eine Ruhezeit oder Fahrtunterbrechung einlegt. Die Lenkdauer kann ununterbrochen oder unterbrochen sein.

INTERNATIONALE VORSCHRIFTEN

Lenkzeit ist die Dauer der Lenktätigkeit, die voll- oder halbautomatische durch Kontrollgeräte gemäß VO (EU) Nr. 165/2014 aufgezeichnet werden oder von Hand gemäß VO (EU) Nr. 165/2014 Art, 35 .

Mehrfahrerbetrieb beschreibt den Fall, in dem während der Lenkdauer zwischen zwei aufeinander folgenden täglichen Ruhezeiten oder zwischen einer täglichen und einer wöchentlichen Ruhezeit mindestens zwei Lenker auf dem Fahrzeug zum Lenken eingesetzt sind. Während der ersten Stunde des Mehrfahrerbetriebs ist die Anwesenheit eines anderen Lenkers oder anderer Lenker fakultativ (nicht zwingend), während der restlichen Zeit jedoch obligatorisch (zwingend).

Personenlinienverkehr sind inländische und grenzüberschreitende Verkehrsdienste im Sinne der VO (EG) 1073/2009 (gemeinsame Regeln für den Zugang zum grenzüberschreitenden Personenkraftverkehrsmarkt)

Ruhepause beschreibt jeden ununterbrochenen Zeitraum, in dem ein Lenker frei über seine Zeit verfügen kann.

Tägliche Lenkzeit ist die summierte Gesamtlenkzeit zwischen dem Ende einer täglichen Ruhezeit und dem Beginn der darauf folgenden täglichen Ruhezeit oder zwischen einer täglichen und einer wöchentlichen Ruhezeit.

Tägliche Ruhezeit beschreibt den täglichen Zeitraum, in dem ein Lenker frei über seine Zeit verfügen kann und der eine „regelmäßige tägliche Ruhezeit (Normalruhezeit)" und eine „reduzierte tägliche Ruhezeit" umfasst.

- **Regelmäßige tägliche Ruhezeit (Normalruhezeit)** beschreibt eine Ruhepause von mindestens 11 Stunden. Diese regelmäßige tägliche Ruhezeit kann auch in zwei Teilen genommen werden, wobei der erste Teil einen ununterbrochenen Zeitraum von mindestens 3 Stunden und der zweite Teil einen ununterbrochenen Zeitraum von mindestens 9 Stunden umfassen muss.

- **Reduzierte tägliche Ruhezeit** beschreibt eine Ruhepause von mindestens 9 Stunden, aber weniger als 11 Stunden.

Verkehrsunternehmen ist jede natürliche oder juristische Person und jede Vereinigung oder Gruppe von Personen ohne Rechtspersönlichkeit mit oder ohne Erwerbszweck sowie jede eigene Rechtspersönlichkeit besitzende oder einer Behörde mit Rechtspersönlichkeit unterstehende offizielle Stelle, die Beförderungen im Straßenverkehr gewerblich oder im Werkverkehr vornimmt.

Verordnung (EU) - *VO (EU)* - Eine Verordnung der Europäischen Union ist ein Rechtsakt der Europäischen Union mit allgemeiner Gültigkeit und <u>unmittelbarer Wirksamkeit in den Mitgliedstaaten</u>. *Verordnungen, die bis 30. November 2009 erlassen wurden, tragen den Titel „Verordnung (EG)" und Verordnungen, die bis 1. November 1993 erlassen wurden, den Titel „Verordnung (EWG)"*

Woche beschreibt den Zeitraum zwischen Montag 00.00 Uhr und Sonntag 24.00 Uhr.

Wöchentliche Ruhezeit beschreibt den wöchentlichen Zeitraum, in dem ein Lenker frei über seine Zeit verfügen kann und der eine „regelmäßige wöchentliche Ruhezeit" und eine „reduzierte wöchentliche Ruhezeit" umfasst.

- **Regelmäßige wöchentliche Ruhezeit** beschreibt eine Ruhepause von mindestens 45 Stunden.

- **Reduzierte wöchentliche Ruhezeit** beschreibt eine Ruhepause von weniger als 45 Stunden, die unter bestimmten Voraussetzungen auf eine Mindestzeit von 24 aufeinander folgenden Stunden reduziert werden kann.

Wöchentliche Lenkzeit ist die summierte Gesamtlenkzeit zwischen zwei wöchentlichen Ruhezeiten.

Ausnahmen

Ausnahmen von den Vorschriften der VO (EG) Nr. 561/2006 gemäß Artikel 3 **(gelten für alle Mitgliedstaaten)**

Diese VO (EG) Nr. 561/2006 gilt nicht für Beförderungen im Straßenverkehr mit folgenden Fahrzeugen:

a) Fahrzeuge, die zur Personenbeförderung im Linienverkehr verwendet werden, wenn die Linienstrecke nicht mehr als 50 km beträgt;

   § 24 KFG beinhaltet folgendes;

   Abweichend von Artikel 3 lit. a der Verordnung (EG) Nr 561/2006 muss bei Omnibussen, die im regionalen Linienverkehr eingesetzt werden, ausgenommen solche, deren Antriebsenergie Oberleitungen entnommen wird (Oberleitungsomnibusse), jedenfalls ein Kontrollgerät im Sinne der Verordnung (EU) Nr. 165/2014 eingebaut und benutzt werden. Bei der Verwendung des Kontrollgerätes im Ortslinienverkehr im Sinne des § 103 Abs. 3b erster Halbsatz kann unter der Voraussetzung, dass die jeweiligen Aufzeichnungen in der Betriebsstätte aufliegen von folgenden Bestimmungen dieses Bundesgesetzes und der Verordnung (EU) Nr. 165/2014 abgewichen werden:

   1. von der Verpflichtung zur Mitführung eines Nachweises über Zeiten während des laufenden Tages und der vergangenen 28 Tage, in denen sich der Lenker in Krankenstand oder Urlaub

53

befunden hat oder ein Fahrzeug gelenkt hat, für das keine Kontrollgerätepflicht besteht;

2.bis zum Ablauf des 31. Dezember 2020 von der Verpflichtung zur Mitführung der Schaublätter gemäß Art. 36 Abs. 1 der Verordnung (EU) Nr. 165/2014, soweit es sich um Lenkzeiten für den selben Betrieb handelt;

3.bis zum Ablauf des 31. Dezember 2020 von der Verpflichtung zur manuellen Eingabe gemäß § 102a Abs. 8 in Verbindung mit Anhang I B Kapitel III Punkt 6.2. der Verordnung (EU) Nr. 165/2014, wenn ein Fahrerwechsel erfolgt.

aa) Fahrzeuge oder Fahrzeugkombinationen mit einer zulässigen Höchstmaße von nicht mehr als 7,5 t, die zur Beförderung von Material, Ausrüstungen oder Maschinen benutzt werden, die der Fahrer zur Ausübung seines Berufes benötigt, und die nur in einem Umkreis von 100 km vom Standort des Unternehmens und unter der Bedingung benutzt werden, dass das Lenken des Fahrzeugs für den Fahrer nicht die Haupttätigkeit darstellt.

b) Fahrzeuge mit einer zulässigen Höchstgeschwindigkeit von nicht mehr als 40 km/h;

c) Fahrzeuge, die Eigentum der Streitkräfte, des Katastrophenschutzes, der Feuerwehr oder der für die Aufrechterhaltung der öffentlichen Ordnung zuständigen Kräfte sind oder von ihnen ohne Fahrer angemietet werden, sofern die Beförderung aufgrund der diesen Diensten zugewiesenen Aufgaben stattfindet und ihrer Aufsicht unterliegt;

d) Fahrzeuge – einschließlich Fahrzeuge, die für nichtgewerbliche Transporte für humanitäre Hilfe verwendet werden –, die in Notfällen oder bei Rettungsmaßnahmen verwendet werden;

e) Spezialfahrzeuge für medizinische Zwecke;

f) spezielle Pannenhilfefahrzeuge, die innerhalb eines Umkreises von 100 km um ihren Standort eingesetzt werden;

g) Fahrzeuge, mit denen zum Zweck der technischen Entwicklung oder im Rahmen von Reparatur- oder Wartungsarbeiten Probefahrten auf der Straße durchgeführt werden, sowie neue oder umgebaute Fahrzeuge, die noch nicht in Betrieb genommen worden sind;

h) Fahrzeuge oder Fahrzeugkombinationen mit einer zulässigen Höchstmaße von nicht mehr als 7,5 t, die zur nichtgewerblichen Güterbeförderung verwendet werden;

i) Nutzfahrzeuge, die nach den Rechtsvorschriften des Mitgliedstaats, in dem sie verwendet werden, als historisch eingestuft werden und die zur nichtgewerblichen Güter- oder Personenbeförderung verwendet werden.

Im Sinne von Artikel 13 der Verordnung (EG) Nr. 561/2006 werden folgende **Fahrzeuge in Österreich** gem. § 24 Abs. 2b KFG von der Anwendung dieser Verordnungen – **ganz freigestellt:**

a) Fahrzeuge, die Eigentum von Behörden sind oder von diesen ohne Fahrer angemietet sind, um Beförderungen im Straßenverkehr durchzuführen, die nicht im Wettbewerb mit privatwirtschaftlichen Verkehrsunternehmen stehen;

b) Fahrzeuge, die von Landwirtschafts-, Gartenbau-, Forstwirtschafts- oder Fischereiunternehmen zur Güterbeförderung im Rahmen ihrer eigenen unternehmerischen Tätigkeit in einem Umkreis von bis zu 100 km vom Standort des Unternehmens benutzt oder ohne Fahrer angemietet werden;

c) land- und forstwirtschaftliche Zugmaschinen, die für land- oder forstwirtschaftliche Tätigkeiten eingesetzt werden, und zwar in einem Umkreis von bis zu 100 km vom Standort des Unternehmens, das das Fahrzeug besitzt, anmietet oder least;

d) Fahrzeuge, die von den Straßenbauämtern der Gebietskörperschaften verwendet und die von Landes- oder Gemeindebediensteten gelenkt werden;

e) Spezialfahrzeuge, die Ausrüstungen des Zirkus- oder Schaustellergewerbes transportieren;

f)   speziell ausgerüstete Projektfahrzeuge für mobile Projekte, die hauptsächlich im Stand zu Lehrzwecken dienen;

g)   Fahrzeuge, die ausschließlich auf Straßen in Güterverteilzentren wie Häfen, Umschlaganlagen des Kombinierten Verkehrs und Eisenbahnterminals benutzt werden;

h)   Fahrzeuge, die innerhalb eines Umkreises von bis zu 100 km für die Beförderung lebender Tiere von den landwirtschaftlichen Betrieben zu den lokalen Märkten und umgekehrt oder von den Märkten zu den lokalen Schlachthäusern verwendet werden;

i)   Fahrzeuge mit zehn bis 17 Sitzen, die ausschließlich zur nichtgewerblichen Personenbeförderung verwendet werden;

j)   Fahrzeuge mit Elektroantrieb mit einem höchsten zulässigen Gesamtgewicht von nicht mehr als 4 250 kg, die im Umkreis von 50 km vom Standort des Unternehmens zur Güterbeförderung verwendet werden;

Freigestellt, wenn das Lenken des Fahrzeuges für den Lenker nicht die Haupttätigkeit darstellt:

Fahrzeuge, die in Verbindung mit Kanalisation, Hochwasserschutz, Wasser-, Gas- und Elektrizitätsversorgung, den Telegramm- und Telefonanbietern, Radio- und Fernsehsendern sowie zur Erfassung von Radio- bzw. Fernsehsendern oder -geräten eingesetzt werden;

Nur in Bezug auf die Fahrtunterbrechungen gemäß Artikel 7 der Verordnung (EG) Nr. 561/2006 (Fahrtunterbrechung) **freigestellt:**

a) Fahrzeuge, die zum Sammeln von Rohmilch bei landwirtschaftlichen Betrieben verwendet werden;

b) Spezialfahrzeuge für Geld- und/oder Werttransporte;

c) Fahrzeuge, die von den zuständigen Stellen zur Hausmüllabfuhr eingesetzt werden, und

d) Fahrzeuge, die von den Straßenerhaltern oder von Unternehmen, die von Straßenerhaltern beauftragt wurden, für den Winterdienst eingesetzt werden, sofern das Fahrzeug nicht unter eine andere Ausnahme *(die bei Straßenbauämtern der Gebietskörperschaften verwendet und die von Landes- oder Gemeindebediensteten gelenkt werden)* fällt.

Beachten Sie dazu § 24 Abs. 2 KFG

Auszug: Fällt das Fahrzeug unter die Ausnahmen der Verordnung (EG) Nr. 561/2006, Art. 3 lit. b bis i, oder unter die im § 24 Abs. 2b Zi. 1 oder unter die bestimmten Voraussetzungen unter Zi. 2, so muss der Fahrtschreiber/das Kontrollgerät lediglich zum Zwecke der Geschwindigkeitskontrolle verwendet werden. Es ist ein geeignetes Schaublatt einzulegen, in welches der Name des Lenkers nicht eingetragen werden muss.

Out of Scope

Wenn Sie sich in einer Situation befinden in der Sie aufgrund der Verordnung kein Kontrollgerät / Fahrtenschreiber benötigen kann am digitalen Gerät die Einstellung „Out of Scope" (nicht im Geltungsbereich) gewählt werden.

Der Fahrer muss die Lenkzeiten in einem Fahrzeug, das für gewerbliche Zwecke außerhalb des Anwendungsbereichs der vorliegenden Verordnung verwendet wird, als andere Arbeiten festhalten; ferner muss er die seit seiner letzten täglichen oder wöchentlichen Ruhezeit verbrachten festhalten. Diese Zeiten sind entweder handschriftlich auf einem Schaublatt oder einem Ausdruck einzutragen oder manuell in das Kontrollgerät einzugeben.

Die Dokumentation bei einem Fahrzeug, das für gewerbliche Zwecke außerhalb des Anwendungsbereichs der vorliegenden Verordnung verwendet wird kann wie folgt durchgeführt werden:

Bei gesteckter Fahrerkarte und durch das Einstellen auf Out of Scope, wird auf der gesteckten Fahrerkarte und im Kontrollgerät (Massenspeicher) der Beginn Out of Scope gekennzeichnet.

Anfallende Lenkzeiten werden nun bei einer Auswertung als „andere Arbeiten" bewertet. Ein Nachtrag ist daher bei gesteckter Fahrerkarte nicht erforderlich.

Abb. 1 Daten auf der Fahrerkarte bei „Out of Scope"

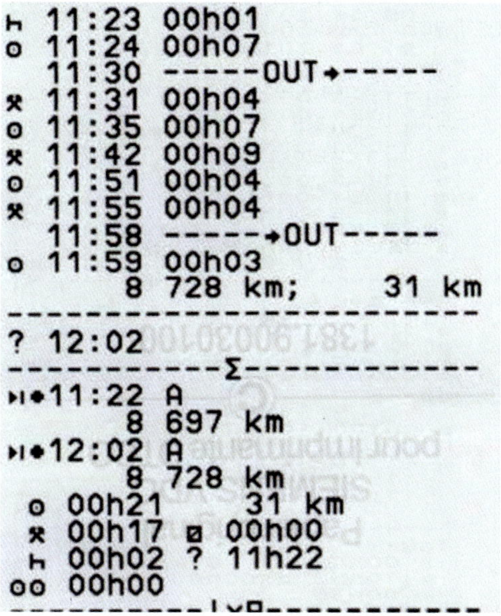

```
ⱨ 11:23  00h01
o 11:24  00h07
  11:30  -----OUT◆-----
✗ 11:31  00h04
o 11:35  00h07
✗ 11:42  00h09
o 11:51  00h04
✗ 11:55  00h04
  11:58  -----◆OUT-----
o 11:59  00h03
      8 728 km;      31 km
------------------------------
? 12:02
-----------Σ------------
ⱨ◆11:22  A
      8 697 km
ⱨ◆12:02  A
      8 728 km
 o 00h21      31 km
 ✗ 00h17  ▱ 00h00
 ⱨ 00h02  ? 11h22
oo 00h00
-----------|▱▱----------
```

Abb. 2 Daten im Massenspeicher bei „Out of Scope"

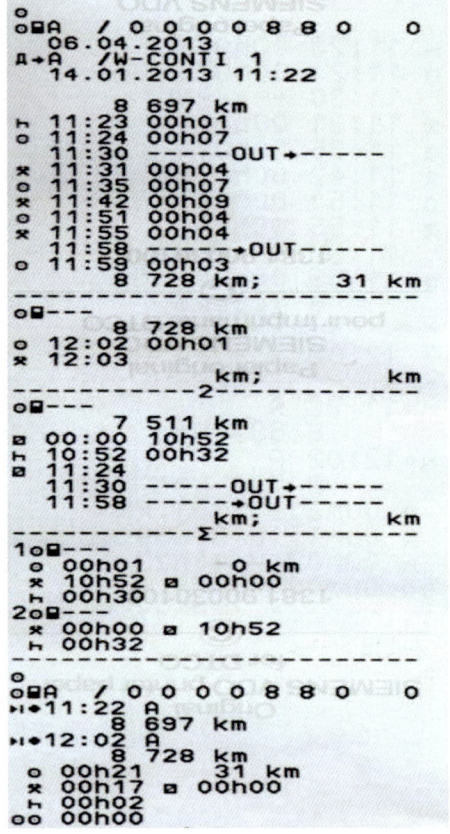

Lenkzeiten

Die Lenkzeit umfasst grundsätzlich die Dauer der Lenktätigkeit.
Diese können halb oder vollautomatisch oder von Hand aufgezeichnet werden.

Tageslenkzeit *Art. 6 VO(EG) 561/2006*

Die Tageslenkzeit ist die summierte Gesamtlenkzeit zwischen dem Ende einer täglichen Ruhezeit und dem Beginn der darauf folgenden täglichen Ruhezeit oder zwischen einer täglichen und einer wöchentlichen Ruhezeit.

Die tägliche Lenkzeit darf 9 Stunden grundsätzlich nicht überschreiten.

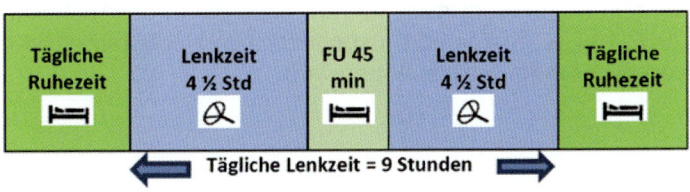

Die tägliche Lenkzeit darf jedoch höchstens zweimal in der Woche auf höchstens 10 Stunden verlängert werden.

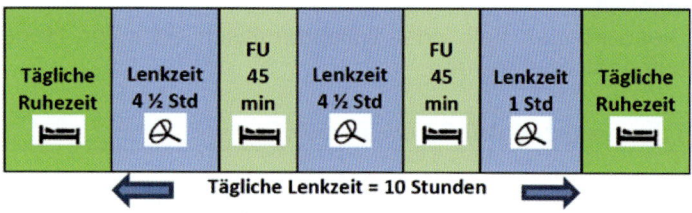

Tägliche Lenkzeit = 10 Stunden

Wochenlenkzeit *Art. 6 VO(EG) 561/2006*

Die Wochenlenkzeit ist die summierte Gesamtlenkzeit zwischen zwei wöchentlichen Ruhezeiten.

Die wöchentliche Lenkzeit darf 56 Stunden nicht überschreiten und nicht dazu führen, dass die in der Richtlinie 2002/15/EG festgelegte wöchentliche Höchstarbeitszeit von 60 Stunden überschritten wird.

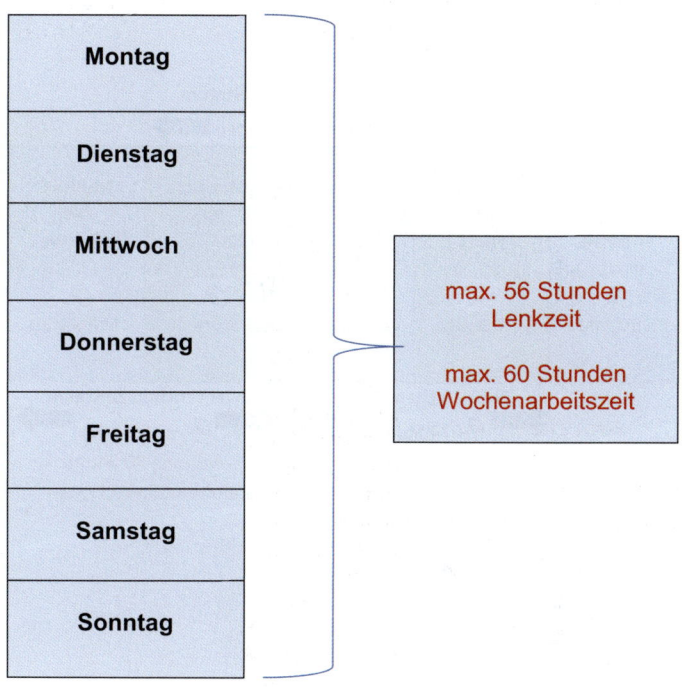

Die summierte Gesamtlenkzeit darf während zweier auf-einander folgender Wochen **90 Stunden nicht über-schreiten**.

Beispiele:

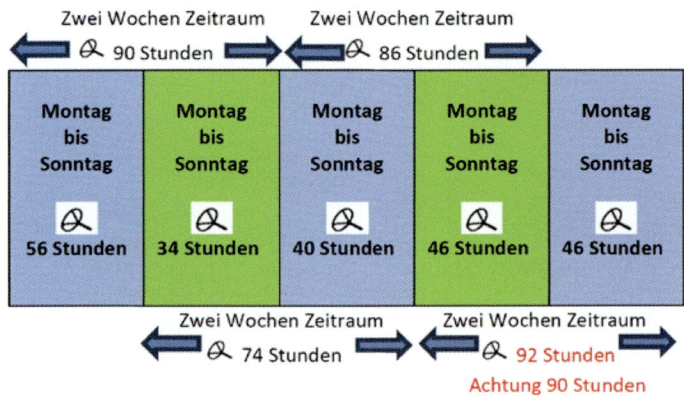

Woche 6 (Mo, Di, Mi, Do, Fr, Sa, So)
- So: Reduzierte Wöchentliche Ruhezeit
- Sa: Lenkzeit 9 h
- Fr: Lenkzeit 9 h
- Do: Lenkzeit 9 h
- Mi: Lenkzeit 9 h
- Di: Lenkzeit 10 h
- Mo: Lenkzeit 10 h
- 6 × 24 h Zeiträume
- Wöchentliche Lenkzeit
- Doppelwoche (Woche 5 und 6)

Woche 5 (Mo, Di, Mi, Do, Fr, Sa, So)
- Sa / So: Wöchentliche Ruhezeit
- Fr: Lenkzeit 5 h
- Do: Lenkzeit 5 h
- Mi: Lenkzeit 7 h
- Di: Lenkzeit 8 h
- Mo: Lenkzeit 9 h
- 5 × 24 h Zeiträume
- Wöchentliche Lenkzeit
- Doppelwoche (Woche 4 und 5)

Woche 4 (Mo, Di, Mi, Do, Fr, Sa, So)
- So: Reduzierte Wöchentliche Ruhezeit
- Sa: Lenkzeit 10 h
- Fr: Lenkzeit 9 h
- Do: Lenkzeit 10 h
- Di/Mi: Lenkzeit 9 h
- Di: Lenkzeit 9 h
- Mo: Lenkzeit 9 h
- 6 × 24 h Zeiträume
- Wöchentliche Lenkzeit
- Doppelwoche (Woche 3 und 4)

Woche 3 (Mo, Di, Mi, Do, Fr, Sa, So)
- Do / Fr / Sa / So: Wöchentliche Ruhezeit
- Mi: Lenkzeit 8 h
- Di/Mi: Lenkzeit 8 h
- Di: Lenkzeit 9 h
- Mo: Lenkzeit 9 h
- Mo: Lenkzeit 9 h
- 5 × 24 h Zeiträume
- Wöchentliche Lenkzeit
- Doppelwoche (Woche 2 und 3)

Woche 2 (Mo, Di, Mi, Do, Fr, Sa, So)
- Do / Fr / Sa: Wöchentliche Ruhezeit
- Mi: Lenkzeit 9 h
- Di/Mi: Lenkzeit 9 h
- Di: Lenkzeit 10 h
- Mo: Lenkzeit 10 h
- Mo: Lenkzeit 10 h
- Mo: Lenkzeit 10 h
- 6 × 24 h Zeiträume
- Wöchentliche Lenkzeit
- Doppelwoche (Woche 1 und 2)

Woche 1 (Mo, Di, Mi, Do, Fr, Sa, So)
- Fr / Sa / So: Reduzierte Wöchentliche Ruhezeit
- Do: Lenkzeit 8 h
- Mi: Lenkzeit 8 h
- Di: Lenkzeit 7 h
- 3 × 24 h Zeiträume
- Wöchentliche Lenkzeit
- Doppelwoche (Woche 1 und 2)

(Sa / So): Wöchentliche Ruhezeit

Lenkdauer und Fahrtunterbrechung

Lenkdauer *Art. 7 VO(EG) 561/2006*

Die Lenkdauer ist die Gesamtlenkzeit zwischen dem Zeitpunkt, zu dem ein Lenker nach einer Ruhezeit oder einer Fahrtunterbrechung beginnt, ein Fahrzeug zu lenken, und dem Zeitpunkt, zu dem er eine Ruhezeit oder Fahrtunterbrechung einlegt. Die Lenkdauer kann ununterbrochen oder unterbrochen sein.

Fahrtunterbrechung

Eine Fahrtunterbrechung umfasst jeden Zeitraum, in dem der Lenker keine Fahrtätigkeit ausüben und keine anderen Arbeiten ausführen darf und der ausschließlich zur Erholung genutzt wird.

Nach einer Lenkdauer von 4 ½ Stunden hat ein Lenker eine ununterbrochene Fahrtunterbrechung von mindestens 45 Minuten einzulegen, sofern er keine Ruhezeit einlegt.

Lenkzeit 4 ½ Std	FU 45 min	Lenkzeit 4 ½ Std
✐	🛏	✐

Die Unterbrechung kann durch eine Unterbrechung von mindestens 15 Minuten, gefolgt von einer Unterbrechung von mindestens 30 Minuten, ersetzt werden.

Lenkzeit 2 ½ Std	FU 15 min	Lenkzeit 2 Std	FU 30 min	Lenkzeit 4 ½ Std

Die Reihenfolge der Unterbrechung von zuerst 15 Minuten und dann 30 Minuten ist zwingend einzuhalten.

Tägliche Ruhezeit *Art. 8 EG(VO) 561/2006*

Die tägliche Ruhezeit beschreibt den täglichen Zeitraum, in dem ein Lenker frei über seine Zeit verfügen kann und der eine „regelmäßige tägliche Ruhezeit (Normalruhezeit)" und eine „reduzierte tägliche Ruhezeit" umfasst.

Die regelmäßige tägliche Ruhezeit ist eine Ruhepause von mindestens 11 Stunden.

Ruhepause ist jeder ununterbrochene Zeitraum, in dem ein Lenker frei über seine Zeit verfügen kann.

Tägliche Ruhezeit 11 Std	Lenkzeit 4 ½ Std	FU 45 min	Lenkzeit 4 ½ Std	Tägliche Ruhezeit 11 Std

Diese regelmäßige tägliche Ruhezeit kann auch in zwei Teilen (sog. „Splitting") genommen werden, wobei der erste Teil einen ununterbrochenen Zeitraum von mindestens 3 Stunden und der zweite Teil einen ununterbrochenen Zeitraum von mindestens 9 Stunden umfassen muss.

Tägliche Ruhezeit 11 Std	Lenkzeit 4 ½ Std	Tägliche Ruhezeit 3 Std	Lenkzeit 4 ½ Std	Tägliche Ruhezeit 9 Std

Die Reihenfolge der Unterbrechung von zuerst 3 Stunden und dann 9 Stunden ist zwingend einzuhalten.

Die reduzierte tägliche Ruhezeit umfasst eine Ruhepause von mindestens 9 Stunden, aber weniger als 11 Stunden.

Tägliche Ruhezeit 11 Std	Lenkzeit 4 ½ Std	FU 45 min	Lenkzeit 4 ½ Std	Reduzierte tägliche Ruhezeit mind. 9 Std

Innerhalb von 24 Stunden nach dem Ende der vorangegangenen täglichen oder wöchentlichen Ruhezeit muss der Lenker eine neue tägliche Ruhezeit genommen haben.

Beträgt der Teil der täglichen Ruhezeit, die in den 24-Stunden-Zeitraum fällt, mindestens 9 Stunden, jedoch weniger als 11 Stunden, so ist die fragliche tägliche Ruhezeit als reduzierte tägliche Ruhezeit anzusehen.

Eine tägliche Ruhezeit kann verlängert werden, so dass sich eine regelmäßige wöchentliche Ruhezeit oder eine reduzierte wöchentliche Ruhezeit ergibt.

Der Lenker darf zwischen zwei wöchentlichen Ruhezeiten höchstens drei reduzierte tägliche Ruhezeiten einlegen.

Ein Ausgleich ist nicht notwendig.

Wöchentliche Ruhezeit *Art. 8 EG(VO) 561/2006*

Wöchentliche Ruhezeit umschreibt den wöchentlichen Zeitraum, in dem ein Lenker frei über seine Zeit verfügen kann und der eine „regelmäßige wöchentliche Ruhezeit" und eine „reduzierte wöchentliche Ruhezeit" umfasst.

Eine **regelmäßige wöchentliche Ruhezeit stellt eine Ruhepause von mindestens 45 Stunden** dar.

Eine **reduzierte wöchentliche Ruhezeit stellt eine Ruhepause von weniger als 45 Stunden dar, die auf eine Mindestzeit von 24 aufeinander folgenden Stunden reduziert werden kann**; wenn die nachfolgenden Bedingungen eingehalten werden.

In zwei jeweils aufeinander folgenden Wochen hat der Lenker mindestens folgende Ruhezeiten einzuhalten:

Zwei regelmäßige wöchentliche Ruhezeiten **oder eine regelmäßige wöchentliche Ruhezeit und eine reduzierte wöchentliche Ruhezeit von mindestens 24 Stunden**.

Dabei wird jedoch die Reduzierung durch eine gleichwertige Ruhepause ausgeglichen, die ohne Unterbrechung vor dem Ende der dritten Woche nach der betreffenden Woche genommen werden muss.

Sa	So	Mo	Di	Mi	Do	Fr	Sa	So

Regelmäßige wöchentliche Ruhezeit mind. 45 Std	Maximale Lenkzeit 56 Std Maximale Arbeitszeit 60 Std	Reduzierte wöchentliche Ruhezeit von mind. 24 Std (< 45 Std)

Eine wöchentliche Ruhezeit (WRZ) muss spätestens am Ende **von sechs 24-Stunden-Zeiträumen** nach dem Ende der vorangegangenen wöchentlichen Ruhezeit beginnen.

Jede Ruhepause, die als Ausgleich für eine reduzierte wöchentliche Ruhezeit eingelegt wird, ist an eine andere Ruhezeit von mindestens 9 Stunden anzuhängen.

Sofern sich Lenker hierfür entscheiden, können nicht am Standort eingelegte tägliche Ruhezeiten und reduzierte wöchentliche Ruhezeiten im Fahrzeug verbracht werden, wenn das Fahrzeug über geeignete Schlafmöglichkeiten für jeden Lenker verfügt und das Fahrzeug steht. Eine wöchentliche Ruhezeit, die in zwei Wochen fällt, kann **nur** für eine der beiden Wochen gezählt werden, nicht aber für beide.

Verbringung der wöchentlichen Ruhezeit im Fahrzeug

Eine regelmäßige wöchentliche Ruhezeit (mindestens 45 Stunden) darf nicht im Fahrzeug verbracht werden darf. Fällt eine solche Ruhezeit unterwegs an, müsste sie zum Beispiel in einem Hotel verbracht werden. Ein Nachweis darüber muss jedoch vom Kraftfahrer nicht erbracht werden, wodurch bei einer Kontrolle kaum nachzuweisen wäre, wo die Ruhezeit verbracht wurde. Lediglich bei der reduzierten wöchentlichen Ruhezeit (mindestens 24 Stunden) ist es zulässig, diese im Fahrzeug zu verbringen. VO (EG) Nr. 561/2006, Art. 8 (8)

Beispiele für ordnungsgemäße Verteilung der Lenkzeit und der wöchentlichen Ruhezeit:

Woche	Tag		Zeiträume	Wöchentliche Ruhezeit	Doppelwoche
Woche 6	So	Readuzierte Wöchentliche Ruhezeit		Wöchentliche Lenkzeit	Doppelwoche (Woche 5 und 6)
	Sa	Lenkzeit 9 h	6 × 24 h Zeiträume		
	F	Lenkzeit 9 h			
	D	Lenkzeit 9 h			
	M	Lenkzeit 9 h			
	D	Lenkzeit 10 h			
	M	Lenkzeit 10 h			
Woche 5	So	Wöchentliche Ruhezeit		Wöchentliche Lenkzeit	Doppelwoche (Woche 4 und 5)
	Sa		5 × 24 h Zeiträume		
	F	Lenkzeit 5 h			
	D	Lenkzeit 5 h			
	D	Lenkzeit 7 h			
	M	Lenkzeit 8 h			
	M	Lenkzeit 9 h			
Woche 4	So	Readuzierte Wöchentliche Ruhezeit		Wöchentliche Lenkzeit	Doppelwoche (Woche 3 und 4)
	Sa	Lenkzeit 10 h	6 × 24 h Zeiträume		
	F	Lenkzeit 9 h			
	D	Lenkzeit 10 h			
	D	Lenkzeit 9 h			
	M	Lenkzeit 9 h			
	M	Lenkzeit 9 h			
Woche 3	So	Wöchentliche Ruhezeit		Wöchentliche Lenkzeit	Doppelwoche (Woche 2 und 3)
	Sa		5 × 24 h Zeiträume		
	F				
	D	Lenkzeit 8 h			
	D	Lenkzeit 8 h			
	M	Lenkzeit 9 h			
	M	Lenkzeit 9 h			
	So	Lenkzeit 9 h			
Woche 2	Sa	Wöchentliche Ruhezeit		Wöchentliche Lenkzeit	Doppelwoche (Woche 1 und 2)
	F		6 × 24 h Zeiträume		
	D	Lenkzeit 9 h			
	M	Lenkzeit 9 h			
	D	Lenkzeit 10 h			
	M	Lenkzeit 10 h			
	So	Lenkzeit 10 h			
	Sa	Lenkzeit 10 h			
Woche 1	F	Readuzierte Wöchentliche Ruhezeit		Wöchentliche Lenkzeit	
	D	Lenkzeit 8 h	3 × 24 h Zeiträume		
	D	Lenkzeit 8 h			
	M	Lenkzeit 7 h			
	M				
	So	Wöchentliche Ruhezeit			
	Sa				

75

Sa	So	M	D	M	D	F	Sa	So	M	D	M	D	F	Sa	So	M	D	M	D
W. 1		Woche 2							Woche 3							Woche 4			
Wöchentliche Ruhezeit (Woche 1)		Lenkzeit 9 h	Lenkzeit 9 h	Lenkzeit 9 h	Lenkzeit 9 h	Reduziert Wöchentl. Ruhezeit (W. 2)	Lenkzeit 10 h	Lenkzeit 10 h	Lenkzeit 10 h	Lenkzeit 10 h	Lenkzeit 9 h	Lenkzeit 5 h	Wöchentliche Ruhezeit (Woche 3)			Lenkzeit 10 h	Lenkzeit 9 h	Lenkzeit 9 h	Lenkzeit 10 h
		4 x 24 Stunden Zeiträume					6 x 24 Stunden Zeiträume									4 x 24 Stunden Zeiträume			
		Wöchentliche Lenkzeit 56 Stunden							Wöchentliche Lenkzeit 34 Stunden							Wöchentliche Lenkzeit 38 Stunden			

Besonderheiten für Busfahrer im grenzüberschreitenden Reiseverkehr „12-Tage-Regelung"

Abweichend von den Vorschriften bezüglich der wöchentlichen Ruhezeit (Absatz 6) darf ein Fahrer, der für einen einzelnen Gelegenheitsdienst im grenzüberschreitenden Personenverkehr (im Sinne der Verordnung (EG) Nr. 1073/2009 des Europäischen Parlaments und des Rates vom 21. Oktober 2009 über gemeinsame Regeln für den Zugang zum Markt des grenzüberschreitenden Personenkraftverkehrs) eingesetzt wird, die wöchentliche Ruhezeit auf bis zu 12 aufeinander folgende 24-Stunden-Zeiträume nach einer vorhergehenden regelmäßigen wöchentlichen Ruhezeit unter folgenden Voraussetzungen verschieben:

a) der Dienst dauert mindestens 24 aufeinander folgende Stunden in einem anderen Mitgliedstaat oder unter diese Verordnung fallenden Drittstaat als demjenigen, in dem jeweils der Dienst begonnen wurde;

b) nach der Inanspruchnahme der Ausnahmeregelung nimmt der Fahrer
i)	entweder zwei regelmäßige wöchentliche Ruhezeiten oder
ii) eine regelmäßige wöchentliche Ruhezeit und eine reduzierte wöchentliche Ruhezeit von mindestens 24 Stunden. Dabei wird jedoch die Reduzierung durch eine gleichwertige Ruhepause ausgeglichen, die ohne Unterbrechung vor dem Ende der dritten Woche nach dem Ende des Ausnahmezeitraums genommen werden muss;

c) ab dem 1. Januar 2014 ist das Fahrzeug mit einem Kontrollgerät entsprechend den Anforderungen des Anhangs IB der Verordnung (EWG) Nr. 3821/85 ausgestattet und

d) ab dem 1. Januar 2014, sofern das Fahrzeug bei Fahrten während des Zeitraums von 22.00 Uhr bis 6.00 Uhr mit mehreren Fahrern besetzt ist oder die Lenkdauer nach Artikel 7 auf drei Stunden vermindert wird.

Mehrfahrerbetrieb *Art. 8 EG(VO) 561/2006*

Mehrfahrerbetrieb beschreibt den Fall, in dem während der Lenkdauer zwischen zwei aufeinander folgenden täglichen Ruhezeiten oder zwischen einer täglichen und einer wöchentlichen Ruhezeit mindestens zwei Lenker auf dem Fahrzeug zum Lenken eingesetzt sind.

Während der ersten Stunde des Mehrfahrerbetriebs ist die Anwesenheit eines anderen Lenkers oder anderer Lenker fakultativ (nicht zwingend), während der restlichen Zeit jedoch obligatorisch (zwingend).

Die im Mehrfahrerbetrieb eingesetzten Lenker müssen innerhalb von 30 Stunden nach dem Ende einer täglichen oder wöchentlichen Ruhezeit eine neue tägliche Ruhezeit von mindestens 9 Stunden genommen haben. (Fahrzeug muss während dieser Ruhezeit stehen)

Beispiel für einen Mehrfahrerbetrieb

Fahrer A

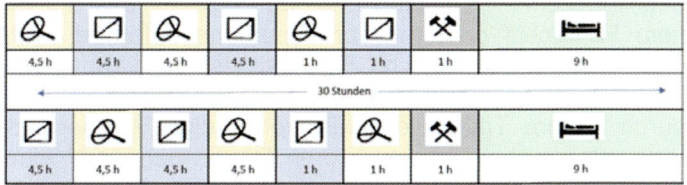

Fahrer B

Im nachstehenden Fall lenkt Fahrer „A" 1 Stunde allein, bevor Fahrer „B" nach den Regeln des Mehrfahrerbetriebs hinzustößt.

Fahrer A

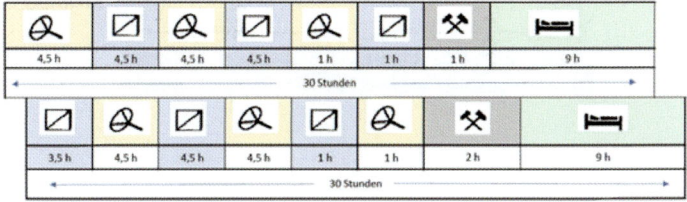

Fahrer B

Zeiten auf einem Fährschiff oder in der Eisenbahn *Art. 9 EG(VO) 561/2006*

Legt ein Lenker, der ein Fahrzeug begleitet, das auf einem Fährschiff oder mit der Eisenbahn befördert wird, eine regelmäßige tägliche Ruhezeit ein, so kann diese Ruhezeit abweichend von Artikel 8 höchstens zwei Mal durch andere Tätigkeiten, z.B. notwendige Rangierfahrten, unterbrochen werden, deren Dauer insgesamt eine Stunde nicht überschreiten darf. Während dieser regelmäßigen täglichen Ruhezeit muss dem Lenker eine Schlafkabine oder ein Liegeplatz zur Verfügung stehen.

Beispiel 1:

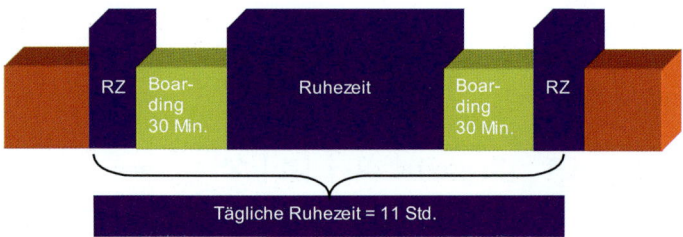

Beispiel 2:

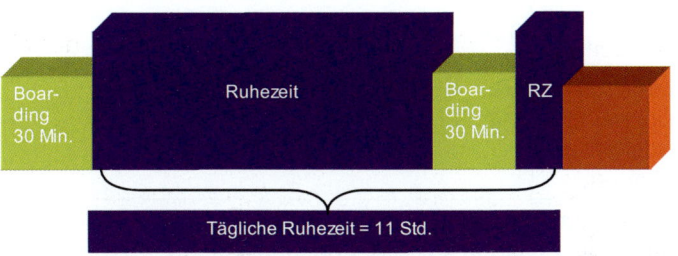

Die von einem Lenker verbrachte Zeit, um zu einem in den Geltungsbereich dieser Verordnung fallenden Fahrzeug, das sich nicht am Wohnsitz des Lenkers oder der Betriebstätte des Arbeitgebers, dem der Lenker normalerweise zugeordnet ist, befindet, anzureisen oder von diesem zurückzureisen, ist nur dann als Ruhepause oder Fahrtunterbrechung anzusehen, wenn sich der Lenker in einem Zug oder auf einem Fährschiff befindet und ihm eine Koje oder ein Platz in einem Liegewagen zur Verfügung steht. (EuGH Entscheidung)

Die von einem Lenker verbrachte Zeit, um mit einem nicht in den Geltungsbereich dieser Richtlinie fallenden Fahrzeug zu einem in den Geltungsbereich dieser Verordnung fallenden Fahrzeug, das sich nicht am Wohnsitz des Lenkers oder der Betriebsstätte des Arbeitgebers, dem der Lenker normalerweise zugeordnet ist, befindet, anzureisen oder von diesem zurückzureisen, ist als andere Arbeiten anzusehen.

Übersicht der Lenk- und Ruhezeiten

Lenkdauer	4,5 Std.
Tages-lenkzeit	9 Std. / 2 x je Woche 10 Std.
Lenkzeit Doppel-wochen-Lenkzeit	Max. 56 Std. Max. 90 Std.
Fahrtunter-brechung	Variante 1: Nach 4,5 Std. Lenkdauer mind. 45 Min. Variante 2: Innerhalb von 4,5 Std. Lenkdauer 2 Fahrtun-terbrechungen – die erste mind. 15 Min., die zweite mind. 30 Min.
Tägliche Ruhezeit	Mindestens 11 Std. oder 12 Std. aufgeteilt in 3 Std. und 9 Std. Ausnahme: 3 x wöchentlich 9 Std. (ohne Ausgleich) Hinweis: Die tägliche Ruhezeit muss innerhalb eines Zeitraumes von 24 Std. beendet sein.

Wöchentliche Ruhezeit	Mind. 45 Std. einschließlich einer täglichen Ruhezeit. Ausnahme: In zwei jeweils aufeinander folgenden Wochen hat der Lenker mindestens folgende Ruhezeiten einzuhalten: • Zwei regelmäßige wöchentliche Ruhezeiten von mind. 45 Std. oder • eine regelmäßige wöchentliche Ruhezeit von mind. 45 Std. und eine reduzierte wöchentliche Ruhezeit von mind. 24 Std.; dabei wird jedoch die Reduzierung durch eine gleichwertige Ruhepause ausgeglichen, die ohne Unterbrechung vor dem Ende der dritten Woche nach der betreffenden Woche genommen werden muss Hinweis: Eine wöchentlichen Ruhezeit beginnt spätestens am Ende von sechs 24 Std. Zeiträumen nach dem Ende der vorangegangenen wöchentlichen Ruhezeit.
Mehrfahrerbetrieb	Die Lenk- und Ruhezeiten sind auf einen Zeitraum von 30 Std. statt 24 Std. zu berechnen; generelle tägliche Ruhezeiten für die Mehrfahrer-Besatzung von mind. 9 Std.

Grundzüge des europäischen Übereinkommens über die Arbeit des im internationalen Straßenverkehr beschäftigten Fahrpersonals (AETR)

Das AETR gilt anstelle der Verordnung (EG) Nr. 561/2006 für grenzüberschreitende Beförderungen im Straßenverkehr, die teilweise u.a. außerhalb der europäischen Gebiete erfolgen.

Das AETR wurde zwar an die Verordnung (EG) Nr. 561/2006 angeglichen, jedoch sind in Österreich noch nicht alle Novellen ratifiziert.

Der Geltungsbereich bzw. Anwendungsbereich wurde bereits erörtert.

Es ergeben sich bei der Anwendung des AETR doch unterschiedliche Bestimmungen in Bezug auf die Fahrtunterbrechung, wöchentliche Ruhezeiten, Kontrollzeitraum und Zweifahrerbesatzung.

Ausnahmen vom AETR gem. Art. 2

1. Fahrzeuge, die zur Güterbeförderung dienen und deren zulässiges Gesamtgewicht, einschließlich Anhänger oder Sattelanhänger, 3,5 Tonnen nicht übersteigt;

2. Fahrzeuge, die zur Personenbeförderung dienen und die nach ihrer Bauart und Ausstattung geeignet und dazu bestimmt sind, bis zu neun Personen – einschließlich des Fahrers – zu befördern;

3. Fahrzeuge, die zur Personenbeförderung im Linienverkehr dienen, wenn die Linienstrecke nicht mehr als 50 km beträgt;

4. Fahrzeugen mit einer zulässigen Höchstgeschwindigkeit von nicht mehr als 30 km/h;

5. Fahrzeugen, die von den Streitkräften, dem Zivilschutz, der Feuerwehr und den für die Aufrechterhaltung der öffentlichen Ordnung zuständigen Kräfte selbst oder unter deren Aufsicht verwendet werden;

6. Fahrzeuge, die von den zuständigen Stellen für Kanalisation, Hochwasserschutz, der Wasser-, Gas- und Elektrizitätswerke, der Straßenbauämter, der Müllabfuhr, des Telegraphen und Fernsprechdienstes, des Postsachenbeförderungsdienstes, von Rund-

funk und Fernsehen oder für die Erkennung von Rundfunk- und Fernsehübertragungen oder -empfang eingesetzt werden;

7. Fahrzeuge, die in Notfällen oder für Rettungsmaßnahmen eingesetzt werden;

8. Spezialfahrzeuge für ärztliche Aufgaben;

9. Fahrzeuge, die für Beförderungen im Zirkus- oder Schaustellergewerbe verwendet werden;

10. besondere Pannenhilfefahrzeuge;

11. Fahrzeuge, mit denen für Zwecke der technischen Entwicklung oder bei Reparatur- oder Wartungsarbeiten Probefahrten auf der Straße gemacht werden, und neuen oder umgebauten Fahrzeugen, die noch nicht in Betrieb genommen worden sind;

12. Fahrzeuge, die zur nichtgewerblichen Güterbeförderung für private Zwecke verwendet werden;

13. Fahrzeuge, die zum Abholen von Milch bei landwirtschaftlichen Betrieben und zur Rückgabe von Milchbehältern oder von Milcherzeugnissen für Futterzwecke an diese Betriebe verwendet werden.

AETR Lenk- und Ruhezeiten Regelungen

Lenkzeit	4,5 Std.
Tages-lenkzeit	9 Std. / 2 x je Woche 10 Std.
Lenkzeit Doppel-wochen	Max. 56 Std. – 1 Woche Max. 90 Std. – 2 Wochen Personenlinienverkehr 12 Tage – max. 74 Std.
Lenkzeit-unter-brechung	**Variante 1:** Nach 4,5 Std. Lenkzeit mind. 45 Min. **Variante 2:** Innerhalb von 4,5 Std. Lenkzeit sind Fahrt-unterbrechungen von mind. 15 Min. möglich, die gesamt mind. 45 Min. ergeben.
Tages-lenkzeit	Mind. 11 Std. **Ausnahme 1:** 3 x wöchentlich 9 Std., für die Verkürzung muss in der Folgewoche ein Ausgleich genommen werden. **Ausnahme 2:** Mindestens 12 Stunden: Aufteilung in 2 oder 3 Teilblöcken möglich. Ein Block von mindestens 8 Std. muss am Ende liegen. **Hinweis:** Die Tagesruhezeit muss innerhalb eines Zeitraumes von 24 Std. beendet werden.

Wöchentliche Ruhezeit	Mind. 45 Std. Ausnahme 1: 36 Std. am Stand-/Heimatort mit Ausgleich bis zum Ende der 3. Folgewoche. Ausnahme 2: 24 Std. außerhalb des Stand-/Heimatortes mit Ausgleich bis zum Ende der 3. Folgewoche Hinweis: Eine wöchentliche Ruhezeit ist spätestens nach 6 bzw. 12 (bei Personenlinienverkehr) Tageslenkzeit einzulegen.
Zweifahrerbesatzung	Die Lenk- und Ruhezeiten sind auf einen Zeitraum von 30 Std. statt 24 Std. zu berechnen.

**Urlaubsbescheinigung /
Nachweis über berücksichtigungsfreie Tage nach
internationalem Muster**

Gemäß VO (EG) Nr. 165/2014 Art. 34, muss der Fahrer wenn der sich nicht im Fahrzeug aufhält und daher nicht in der Lage ist, den in das Fahrzeug eingebauten Fahrtenschreiber zu betätigen, werden die Zeiten „andere Arbeiten", „Bereitschaftszeiten" und „Ruhezeiten" bei:

a) wenn das Fahrzeug mit einem analogen Fahrtenschreiber ausgerüstet ist, von Hand, durch automatische Aufzeichnung oder auf andere Weise lesbar und ohne Verschmutzung des Schaublatts auf dem Schaublatt eingetragen,

b) wenn das Fahrzeug mit einem digitalen Fahrtenschreiber ausgerüstet ist, mittels der manuellen Eingabevorrichtung des Fahrtenschreibers auf der Fahrerkarte eingetragen.

**Sind Nachträge jedoch technischen nicht möglich
oder mit einem hohen administrativen Aufwand
verbunden so kann Leitlinie 5 angewendet werden**

SOZIALVORSCHRIFTEN IM STRASSENVERKEHR
Verordnung (EG) Nr. 561/2006, Richtlinie 2006/22/EG, Verordnung (EWG) Nr. 3821/85

LEITLINIE NR. 5

Gegenstand: Formblatt zur Bescheinigung von Tätigkeiten gemäß dem Beschluss der Kommission vom 14. Dezember 2009 zur Änderung der Entscheidung 2007/230/EG über ein Formblatt betreffend die Sozialvorschriften für Tätigkeiten im Kraftverkehr

Artikel: Artikel 11 Absatz 3 und Artikel 13 der Richtlinie 2006/22/EG

Leitlinien: Die Bescheinigung ist nicht erforderlich für Tätigkeiten, die vom Fahrtenschreiber erfasst werden können. Hauptquelle von Informationen bei Straßenkontrollen sind Aufzeichnungen des Fahrtenschreibers. Das Fehlen von Aufzeichnungen sollte nur gerechtfertigt sein, wenn Fahrtenschreiberaufzeichnungen, einschließlich manueller Einträge, <u>aus objektiven Gründen nicht möglich</u> *waren.* In jedem Fall sind die vollständigen Fahrtenschreiberaufzeichnungen, gegebenenfalls ergänzt durch das Formblatt, für den Nachweis der Einhaltung der Verordnung (EG) Nr. 561/2006 oder des AETR als hinreichend anzuerkennen, sofern kein begründeter Verdacht besteht.

Das Formblatt dient jedoch nicht zum Nachweis der wöchentlichen Ruhezeit!

Die Bescheinigung ist vor Fahrtantritt _elektronisch_ auszufüllen und _handschriftlich_ zu unterschreiben.

Ausfüllhilfe der Sparte Transport und Verkehr der WKO Österreich (Auszugsweise)

Das Formblatt darf nicht handschriftlich ausgefüllt werden. Das Formblatt ist auch vom selbst fahrenden Unternehmer zu verwenden. Im nationalen österreichischen Verkehr kann statt des Original-Formblattes bei Vorliegen außergewöhnlicher Umstände auch eine E-Mail- oder Fax-Bestätigung bei einer Kontrolle vorgelegt werden.

Zu den einzelnen Punkten des Formblattes

Punkt:	
1 bis 20	sind vom Unternehmer auszufüllen (die Punkte 21 und 22 vom Fahrer)
1 bis 5	beinhalten unternehmensbezogene Angaben und können vorab ausgefüllt und abgespeichert werden
6 und 7	hier sind nähere Angaben zur Person, die das Formblatt ausfüllt und unterzeichnet, einzutragen (siehe Punkt 20)
8 bis 11	beinhalten fahrerbezogene Angaben und können für jeden Fahrer vorab ausgefüllt und abgespeichert werden
11	enthält die genaue Angabe des Beginns des Arbeitsverhältnisses bzw. der Zugehörigkeit zum Unter-

INTERNATIONALE VORSCHRIFTEN

Punkt:	
	nehmen. Das BMVIT empfiehlt bei Fahrern in einem Arbeitsverhältnis, zusätzlich eine Kopie des Arbeitsvertrages mitzuführen
12 und 13	beziehen sich auf die nachfolgenden Punkte 14 bis 19 und umfassen neben dem Datum auch die exakte Uhrzeit, beim gesetzlichen Jahresurlaub üblicherweise 00:00 Uhr
14	damit sind krankheitsbedingte Arbeitsverhinderungen gemeint
15	gesetzlicher Jahresurlaub (5 bzw. 6 Wochen)
16	darunter fallen Ereignisse wie z.B.: Zeitausgleich, arbeitsfreie Tage bei geringfügiger Beschäftigung oder Teilzeitarbeit, Dienstfreistellung, Pflegeurlaub, Sonderurlaub wie z.B. bei Eheschließung, Begräbnis etc. Für die wöchentliche Ruhezeit ist das Formblatt nicht zu verwenden
17	darunter fallen z.B. Fahrzeuge mit einem Gesamtgewicht von bis zu 3,5 Tonnen, selbstfahrende Arbeitsmaschinen, Fahrzeuge im regionalen KFL-Verkehr bis 50 km, etc.
18	jede andere Arbeitsleistung eines Lenkers an Kalendertagen, an denen überhaupt keine Lenktätigkeit erbracht wird
19	darunter fallen nach Ansicht des BMVIT die Bereitschaftszeiten, dass sind z.B. Zeiten als Beifahrer, Zeiten auf der Fähre oder im Zug etc., die zumindest einen Kalendertag umfassen

Punkt:	
20	ist vom Unternehmer auszufüllen; unter den Begriff „Unternehmer" fallen auch jene Personen, denen eine konkrete Anordnungsbefugnis – wie z.B. einem Disponenten – zukommt
21 und 22	sind vom Lenker (Fahrer) auszufüllen

ANHANG

BESCHEINIGUNG VON TÄTIGKEITEN[1]
(VERORDNUNG (EG) NR. 561/2006 ODER AETR[2])

Vor jeder Fahrt maschinenschriftlich auszufüllen und zu unterschreiben. Zusammen mit den Original-
Kontrollgerätaufzeichnungen aufzubewahren

FALSCHE BESCHEINIGUNGEN STELLEN EINEN VERSTOSS GEGEN GELTENDES RECHT DAR.

Vom Unternehmen auszufüllender Teil

(1) Name des Unternehmens: _____

(2) Straße, Hausnr., Postleitzahl, Ort, Land: _____, _____, _____

(3) Telefon-Nr. (mit internationaler Vorwahl): _____

(4) Fax-Nr. (mit internationaler Vorwahl): _____

(5) E-Mail-Adresse: _____

Ich, der/die Unterzeichnete

(6) Name und Vorname: _____

(7) Position im Unternehmen: _____

erkläre, dass sich der Fahrer/die Fahrerin

(8) Name und Vorname: _____

(9) Geburtsdatum (Tag, Monat, Jahr): _____, _____, _____

(10) Nummer des Führerscheins, des Personalausweises oder des Reisepasses: _____

(11) der/die im Unternehmen tätig ist seit (Tag, Monat, Jahr): _____, _____, _____

im Zeitraum

(12) von (Uhrzeit/Tag/Monat/Jahr): ____/____/____/____

(13) bis (Uhrzeit/Tag/Monat/Jahr): ____/____/____/____

(14) ☐ sich im Krankheitsurlaub befand ***

(15) ☐ sich im Erholungsurlaub befand ***

(16) ☐ sich im Urlaub oder in Ruhezeit befand ***

(17) ☐ ein vom Anwendungsbereich der Verordnung (EG) Nr. 561/2006 oder des AETR ausgenommenes Fahrzeug gelenkt hat ***

(18) ☐ andere Tätigkeiten als Lenktätigkeiten ausgeführt hat ***

(19) ☐ zur Verfügung stand ***

(20) Ort: _____   Datum: _____

Unterschrift:

(21) Ich, der Fahrer/die Fahrerin, bestätige, dass ich im vorstehend genannten Zeitraum kein unter den Anwendungsbereich der Verordnung (EG) Nr. 561/2006 oder das AETR fallendes Fahrzeug gelenkt habe.

(22) Ort: _____   Datum: _____

Unterschrift des Fahrers/der Fahrerin: ....

---

[1] Eine elektronische und druckfähige Fassung dieses Formblattes ist verfügbar unter der Internetadresse http://ec.europa.eu
[2] Europäisches Übereinkommen über die Arbeit des im internationalen Straßenverkehr beschäftigten Fahrpersonals.
*** Nur ein Kästchen ankreuzen

Dokumentation der Ruhezeiten VO (EU) Nr. 165/2014

Da gem. Art. 34 Abs. 3 nunmehr von „**Ruhezeiten**" spricht, ist davon auszugehen, dass seit 2.3.2015 nunmehr auch die wöchentliche Ruhezeit aufzuzeichnen sind.

Die Vorgangsweise zur Dokumentation der wöchentlichen Ruhezeit wurde mit Erlass GZ. BMVIT-179.723/0008-IV/ST4/2015 und Erlass GZ. BMVIT-179.723/0017-IV/ST1/2016

Erlass GZ. BMVIT-179.723/0008-IV/ST4/2015

Betreff: *Erlass zu Art. 34 der VO 165/2014; Dokumentation der Ruhezeiten bzw.*
Dokumentation von Urlaub und Krankenstand

1. Einleitung:
Die Verordnung (EU) Nr. 165/2014 über Fahrtenschreiber/Kontrollgeräte im Straßenverkehr, Abl. L 60/1 vom 28.2.2014, regelt diesen Bereich neu und hebt die bisherige Verordnung (EWG) Nr. 3821/85 auf.
Gemäß Artikel 48 der Verordnung (EU) Nr. 165/2014 gilt diese ab 2. März 2016. Artikel 34 betreffend die Benutzung von Fahrerkarten und Schaublättern gilt jedoch bereits ab 2. März 2015. Inhaltlich entspricht der Artikel 34 der Verordnung (EU) Nr. 165/2014 weitgehend dem bisherigen Artikel 15 der Verordnung (EWG) Nr. 3821/85 idgF. Zur Frage, welche Inhalte der bisherigen VO (EWG) Nr. 3821/85 mit 2.3.2015 durch die neuen Bestimmungen des Art. 34 der VO (EU) Nr. 165/2014 aufgehoben bzw. ersetzt werden, darf auf das angeschlossene, gemeinsam mit dem BMI erstellte, Infoblatt verwiesen werden.

INTERNATIONALE VORSCHRIFTEN

2. Art. 34 Abs. 3 letzter Satz der Verordnung (EU) Nr. 165/2014:
„Die Mitgliedstaaten dürfen von den Fahrern nicht die Vorlage von Formularen verlangen, mit denen die Tätigkeit der Fahrer, während sie sich nicht im Fahrzeug aufhalten, bescheinigt wird."
Für die Aufzeichnung von Tätigkeiten der Fahrer außerhalb des Fahrzeuges dürfen somit keine
separaten Formulare verlangt werden. Mit dieser neuen Bestimmung wird nur klargestellt, dass derartige Tätigkeiten (gemeint: andere Arbeiten, Bereitschaftszeiten, Arbeitsunterbrechungen oder Ruhezeiten, wie in Artikel 34 Absatz 3 genannt) direkt am Schaublatt oder auf der Fahrerkarte manuell nachzutragen sind.

Aus der Formulierung dieses letzten Satzes des Art. 34 Abs. 3 ergibt sich nicht der Entfall des EU-Formblattes zur Bescheinigung von lenkfreien Tagen.

Art. 34 Abs. 3 letzter Satz ist im Kontext des Art. 34 zu lesen und diese Regelung bezieht sich daher ausschließlich auf die in Art. 34 Abs. 3 genannten Zeiträume bzw. Tätigkeiten („andere Arbeiten, Bereitschaftszeiten bzw. Arbeitsunterbrechungen oder Ruhezeiten") und nur für diese Zeiträume bzw. Tätigkeiten dürfen keine speziellen Formulare verlangt werden, weil sie (gemäß der Regelung) auf den Schaublättern bzw. mit dem Kontrollgerät auf der Fahrerkarte – nachträglich - einzutragen sind (dies entspricht auch der bisherigen Praxis). Zur Dokumentation von lenkfreien Tagen (z.B. Urlaub oder Krankenstand) ist – wie auch schon bisher – das EU-Formblatt zu verwenden.

Für eine derartige Interpretation und ein solches Verständnis spricht insbesondere auch, dass das derzeit verwendete EU-Formblatt auf Art. 11 Abs. 3 der RL 2006/22/EG basiert und diese Richtlinie unverändert gilt.

3. Artikel 34 Abs. 5 lit. b sub lit. iv der Verordnung (EU) Nr. 165/2014:
3.1. In Abs. 5 lit. b sub lit. iv) ist nunmehr vorgesehen, dass unter dem sogenannten „Bettsymbol"

alle Arbeitsunterbrechungen oder Ruhezeiten (gleichgültig ob es sich dabei um tägliche
oder wöchentliche Ruhezeit handelt) aufzuzeichnen sind. Bisher waren in der VO 3821/85, Artikel 15 Abs. 3 zweiter Anstrich lit d) neben den Arbeitsunterbrechungen nur die „Tagesruhezeiten" genannt.

3.2. Zur Frage der Dokumentation der Ruhezeiten

3.2.1. Fragen/Probleme:

Ist die wöchentliche Ruhezeit bei analogen Kontrollgeräten nun durch Eintrag auf der Rückseite von zwei Schaublättern zu dokumentieren, oder reicht es, wenn auf einem Schaublatt Beginn und Ende der wöchentlichen Ruhezeit nachgetragen werden (und wenn ja, auf welchem, auf dem bei Beendigung der Arbeitszeit vor Beginn der wöchentlichen Ruhezeit oder auf jenem bei
Wiederantritt des Dienstes nach Ende der wöchentlichen Ruhezeit)? Schaublätter haben ja auf
der Rückseite nur einen 24-Stunden-Raster, der nicht die gesamte wöchentliche Ruhezeit
abdeckt.
Oder ist die wöchentliche Ruhezeit auch weiterhin gar nicht verpflichtend im Kontrollgerät zu
dokumentieren?

3.2.2. Antwort/Lösung:

Da Art. 34 Abs. 3 der VO (EU) Nr. 165/2014 nunmehr von „Ruhezeiten" spricht, ist davon auszugehen, dass seit 2.3.2015 nunmehr auch die wöchentliche Ruhezeit aufzuzeichnen ist. Bisher waren in Artikel 15 Abs. 3 zweiter Anstrich lit d) der VO 3821/85, neben den Arbeitsunterbrechungen
nur die „Tagesruhezeiten" genannt. Diese Ruhezeiten sind nunmehr am Schaublatt oder im Fahrtenschreiber/Kontrollgerät (auf derFahrerkarte aufzuzeichnen.

3.2.2.1. analoge Kontrollgeräte

Der Nachweis der wöchentlichen Ruhezeit bei analogen Kontrollgeräten kann durch entsprechende Eintragungen auf der Rückseite der Schaublätter vorgenommen werden. Da es dazu keine spezifische Regelung gibt, kann das nach Ansicht des bmvit auf

-- einem Schaublatt (zB Eintragung Ruhezeit von Entnahme des Schaublattes am Freitag bis Lenkbeginn am Montag)
-- zwei Schaublättern (am Arbeitsende z. B. Freitag vor Beginn der wöchentlichen Ruhezeit soll der Zeitraum bis 24:00 händisch auf dem Raster auf der Rückseite die Ruhezeit nachgetragen werden und dasselbe dann z. B am Montag von 00:00 bis Lenkbeginn. Samstag und Sonntag könnten dann auf dem einen oder dem anderen Schaublatt miterfasst werden) oder auf
-- drei Schaublättern erfolgen, wenn – wie im vorigen Fall – für Samstag und Sonntag ein eigenes Schaublatt verwendet wird, auf dem die Ruhezeit vermerkt wird.

3.2.2.2. digitale Kontrollgeräte

Bei digitalen Kontrollgeräten muss differenziert werden.
Bei Kontrollgeräten ab der 2. Generation ist jederzeit ein manueller Nachtrag für einen längeren Zeitraum möglich. Somit kann jederzeit die wöchentliche Ruhezeit manuell nachgetragen werden. Bei Kontrollgeräten der 1. Generation ist ein Nachtrag für eine längere Zeit nicht möglich. Um den Verwaltungsaufwand zu minimieren sollte hier nur der aktuelle Tag manuell abgeschlossen werden bzw. der Tag an dem die Fahrerkarte gesteckt wird ab 00:00 bis zum Stecken der Fahrerkarte. Das kann dann ausgedruckt und auf dem Tagesausdruck händisch ergänzt werden.

3.2.3. Setzung von Zwangsmaßnahmen

Sollten beim Kontrollorgan Zweifel über die Richtigkeit dieser Angaben bestehen, so ist Anzeige zu erstatten und im behördlichen Verfahren eine Klärung herbeizuführen. Zwangsmaß-

nahmen sind nur begründet, wenn die angezweifelten Zeiträume noch Auswirkungen auf die aktuelle Fahrt haben

3.2.4. Es wird klargestellt, dass bei einer Kontrolle nicht das EU-Formblatt zur Bescheinigung von lenkfreien Tagen verlangt werden kann. Dieses Formblatt ist nicht für die Dokumentation der täglichen oder der wöchentlichen Ruhezeit gedacht.

4. Zur Frage der Dokumentation von Urlaub und Krankenstand
4.1. Fragen/Probleme:
1) Sind Urlaube und Krankenstände durch manuellen Eintrag im Kontrollgerät zu dokumentieren (wenn ja, unter welcher Zeitgruppe?)
2) Sind Urlaube und Krankenstände Zeiträume im Sinne des Artikel 34 Absatz 3, die unter die in Absatz 5 Buchstabe b Ziffern ii, iii und iv genannten Zeiträume fallen? (in Frage kommt wohl höchstens iv-Arbeitsunterbrechungen oder Ruhezeiten, womit der EU-Gesetzgeber aber vermutlich nicht Urlaub und Krankenstand gemeint hat?)

3) Oder sind diese Zeiten – technisch gesehen – nicht nachtragsfähig und daher über die EU Bescheinigung lenkfreie Tage zu erfassen?

4) Wenn ein manueller Nachtrag möglich ist, wie erfolgt dieser bei Fahrzeugen mit analogen Kontrollgerät?
4.2. Antwort/Lösung:
Bei Krankenstand und Urlaub ist grundsätzlich weiterhin das EU-Formblatt zur Bescheinigung von lenkfreien Tagen zu verwenden.
Bei digitalen Kontrollgeräten ab der 2. Generation ist kein Formblatt mehr notwendig, da der Fahrer diese Zeit manuell nachtragen kann (unter dem Bettsymbol als Arbeitsunterbrechungen oder Ruhezeiten) und diese Tage dann im Kontrollgerät bzw. auf der Fahrerkarte nicht fehlen. Trägt der Fahrer diese Zeiten nicht nach, dann muss das EU- Formblatt verwendet werden.

5. Im Erlass vom 29.6.2009, Zl. 179.723/0005-2008, wird Pkt. 5. betreffend das Nachtragen der Wochenendruhe hiermit aufgehoben.

6. Im Hinblick auf eine EU-weit einheitliche Vorgangsweise, damit es bei Kontrollen im grenzüberschreitenden Verkehr keine Probleme gibt, hat die EK bereits eine neue Leitlinie angekündigt.
Allenfalls muss dieser Erlass nach Vorliegen der neuen Leitlinie angepasst werden.

Erlass GZ. BMVIT-179.723/0017-IV/ST1/2016

Betreff: *Erlass - Klarstellung/Ergänzung zu Erlass GZ 179.723/0008-IV/ST4/2015 v. 1.4.2015 in Hinblick auf die Verwendung des EU-Formblattes für lenkfreie Zeiten/manuelle Nachträge*

Der Erlass vom 1.4.2015 - GZ 179.723/0008-IV/ST4/2015 hat hinsichtlich der Frage des Mitführens der EU-Formblätter für lenkfreie Zeiten bzw. des manuellen Nachtrags zu Unklarheiten und Missverständnissen geführt.
Daher erfolgt zur Frage des Mitführens des EU-Formblattes bzw. des manuellen Nachtrags folgende Klarstellung:

Zeiträume, in denen der Lenker vom Fahrzeug abwesend war (und das Kontrollgerät daher nicht bedienen konnte) sind im Wege des manuellen Nachtrages am digitalen Kontrollgerät oder mittels händischer Aufzeichnungen auf dem Schaublatt zu erfassen.

Ist ein manueller Nachtrag in technischer Hinsicht nicht möglich (Nachtrag über mehrere Tage bei einem Kontrollgeräte der 1. Generation), dann hat der Nachweis mittels EU-Formblatt zu erfolgen.

Wenn ein manueller Nachtrag erfolgt ist, dann hat das Kontroll-organ/die Kontrollbehörde diesen Nachtrag zu akzeptieren und das EU-Formblatt darf nicht zusätzlich zum vorhandenen Nach-trag verlangt werden; in diesen Fällen darf der Lenker auch nicht „wegen Fehlen des EU-Formblattes" bestraft werden.

Manuelle Nachträge

Wenn sich der Fahrer nicht im Fahrzeug befindet, kann er das im Fahrzeug eingebaute Kontrollgerät nicht bedienen. Diese Zeiten müssen nachgetragen werden. Dies betrifft die Arbeitszeit, die Bereitschaftszeit und die Ruhezeit. Die Verpflichtung zum Nachtrag ergibt sich aus der EU-Verordnung.

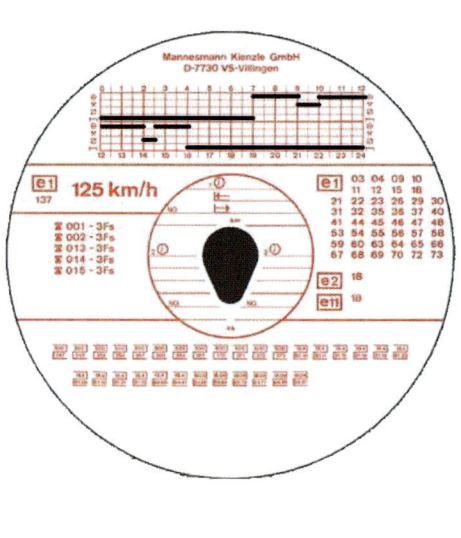

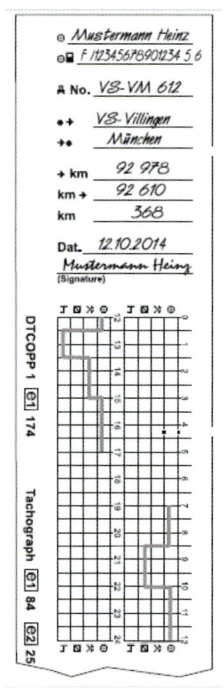

Für die Aufzeichnung von Tätigkeiten der Fahrer außerhalb des Fahrzeuges dürfen keine separaten Formulare verlangt werden. Mit dieser neuen Bestimmung wird nur klargestellt, dass derartige direkt am Schaublatt oder auf der Fahrerkarte manuell nachzutragen sind.

Manuelle Nachträge über 24 Stunden

Analoges Kontrollgerät

Der Nachtrag kann auf einem Schaublatt (zB.: Eintragung Ruhezeit von Entnahme des Schaublattes am Freitag bis Lenkbeginn am Montag), auf zwei Schaublättern (am Arbeitsende z.B. Freitag vor Beginn der wöchentlichen Ruhezeit soll der Zeitraum bis 24:00 händisch auf dem Raster auf der Rückseite die Ruhezeit nachgetragen werden und dasselbe dann z.B am Montag von 00:00 bis Lenkbeginn. Samstag und Sonntag könnten dann auf dem einen oder dem anderen Schaublatt miterfasst werden) oder auf drei oder mehreren Schaublättern erfolgen - für jeden Tag ein eigenes Schaublatt, auf dem die Ruhezeit vermerkt wird.

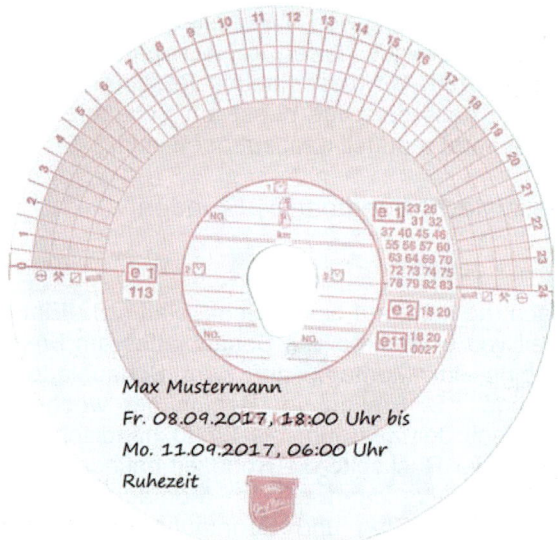

z.B. Eintragung auf einem Schaublatt

Digitales Kontrollgerät

Bei digitalen Kontrollgeräten der 1. Generation ist ein Nachtrag für eine längere Zeit (über 24 Stunden) nicht möglich.

Hier wird bei einem Nachtrag nur der Entnahmetag bis 24:00 Uhr und der aktuelle Tag ab 00:00 Uhr nachgetragen. Der dazwischenliegende Zeitraum wird nicht berücksichtigt. Für einen dementsprechenden Nachtrag muss ein Tagesausdruck angefertigt werden und die fehlenden Zeiten händisch Nachgetragen werden (Siehe Abbildung Eintragung auf einem Schaublatt).

Bei digitalen Kontrollgeräten ab der 2. Generation ist jederzeit ein manueller Nachtrag für einen längeren Zeitraum möglich.

Alternativ müssen diese Zeiten auf der Bescheinigung über berücksichtigungsfreie Tage dokumentiert werden. Bei Fahrten ins Ausland sollte die wöchentliche Ruhezeit immer auf der Bescheinigung über berücksichtigungsfreie Tage dokumentiert werden.

Wie erkennen Sie Kontrollgeräte der 1. und 2. Generation

Digitale Kontrollgeräte der **2. Generation** wurden ab 01.10.2011 in den Fahrzeugen eingebaut. Natürlich können diese Geräte im Austausch auch in älteren Fahrzeugen eingebaut sein.

Das sind die Geräte:

> DTCO VDO ab Rel. 1.3a
> Stoneridge ab 7.3
> Efcon Efas ab 2.0

Um sicher zu gehen müssen Sie einen technischen Ausdruck vom Kontrollgerät ihres Fahrzeuges machen.

1 Generation

DTCO VDO Rel. 1.0

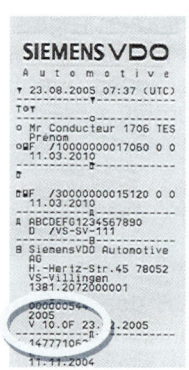

2 Generation

DTCO VDO Rel. 2.0   Stoneridge 7.4

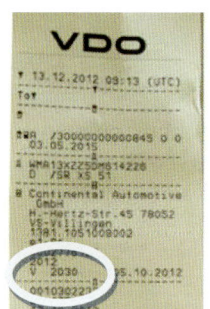   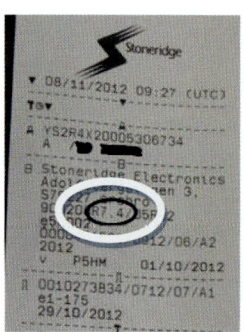

Praxistipp für einen Nachtrag:

Mit Einführung der VO (EU) 1266/2009 wurde ein weiteres Symbol „?" zur manuellen Eingabe implementiert. Dadurch besteht jetzt die Möglichkeit längere Zeitabschnitte für die eine Bescheinigung (EU-Formblatt) vorliegt mit dem Symbol „?" kenntlich zu machen.

Der wesentliche Vorteil besteht nun darin, dass die Bescheinigung immer um 23:59 Uhr (Ortszeit) enden kann. Der Zeitpunkt wann der Fahrer seine Arbeit erneut aufnimmt bzw. der Zeitpunkt wann seine Ruhezeit endet, muss aus der Bescheinigung nicht mehr konkret hervorgehen. Die Aufzeichnungslücke nach dem Zeitpunkt an dem die Bescheinigung endet, kann vom Fahrer selbstständig über das Kontrollgerät auf der Fahrerkarte manuell nachgetragen werden.

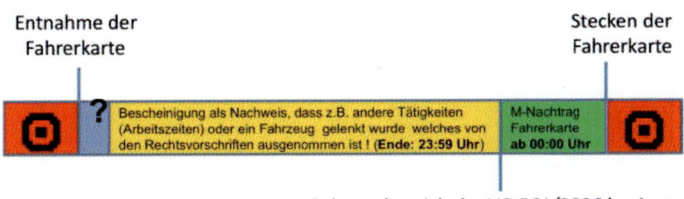

Beispiel eines Nachtrages wobei auch eine „Urlaubsbescheinigung" berücksichtigt wird:

Die Aufforderung mit „OK" bestätigen.

Letzter Zeitpunkt auf der Fahrerkarte 14:50 Uhr, die vom Unternehmer übergebene Bescheinigung endet am 23.04.16 um 23:59 Uhr.

In der Zeit nach 23:59 Uhr bis zur erneuten Arbeitsaufnahme 16:51 Uhr befand sich der Fahrer z. B. in Ruhepause.

Auswählen und mit „OK" bestätigen.

Mit „OK" bestätigen.

Die Möglichkeit stellt durchaus eine Vereinfachung dar und gewährleistet eine lückenlose Dokumentation der Tätigkeiten.

Zeitgruppenschalter am Kontrollgerät ordnungsgemäß betätigen, alle Aktivitäten (Arbeits-/Bereitschafts-/Pausenzeiten) sind festzuhalten.

Die Aufgabe des Fahrers ist, darauf zu achten, dass seine Tätigkeiten ordnungsgemäß aufgezeichnet werden.

Das Verkehrsunternehmen hat dafür Sorge zu tragen, dass die Fahrer im Umgang und der Bedienung des Kontrollgerätes ausreichend geschult und unterwiesen worden sind (gem. Art. 33 EU(VO) 165/2014 bzw. § 17a AZG).

Die Häufigkeit orientiert sich unter anderem an den eigenen Feststellungen aus der Verpflichtung die Daten der Fahrerkarten seiner Fahrer regelmäßig auf Verstöße zu prüfen. Stellt das Verkehrsunternehmen z.B. fest, dass keine Arbeits- oder Bereitschaftszeiten auf der Fahrerkarte festgehalten worden sind obwohl diese vorliegen müssten, dann muss der Unternehmer den Fahrer sein Fehlverhalten aufzeigen. Bleibt er untätig kann er nach den gesetzlichen Bestimmungen für die Verstöße seiner Fahrer belangt werden.

Eingabe Beginn- / Ende Land

Der Fahrer gibt in den digitalen Fahrtenschreiber das Symbol des Landes ein, in dem er seine tägliche Arbeitszeit beginnt, und das Symbol des Landes, in dem er seine tägliche Arbeitszeit beendet. (*Art. 34 Abs. 7*)

Wenn der Lenker nach Beendigung seiner Arbeit die Fahrerkarte aus dem Kontrollgerät herausnimmt geschieht dieser Eintrag automatisch. Entnimmt der Lenker die Fahrerkarte nicht aus dem Kontrollgerät, so steuert er, z.B. bei einem VDO Gerät über die Menütaste die MENÜ-FUNKTION den Punkt EINGABE / FAHRER 1 auf und in weiterer Folge, den Punkt BEGINN / ENDE LAND an und gibt dann den entsprechenden Ländercode (Länderkürzel bzw. in Spanien der Regionscode) ein.

Die Fahrer brauchen diese Angaben nicht zu machen, wenn der Fahrtenschreiber Standortdaten automatisch aufzeichnet (Intelligenter Fahrtenschreiber z.B. VDO 4.0).

Länderkürzel

A	Österreich	GR	Griechenland
AL	Albanien	H	Ungarn
AND	Andorra	HR	Kroatien
ARM	Armenien	I	Italien
AZ	Aserbaidschan	IRL	Irland
B	Belgien	IS	Island
BG	Bulgarien	KZ	Kasachstan
BIH	Bosnien und Herzegowina	L	Luxemburg
BY	Weißrussland	LT	Litauen
CH	Schweiz	LV	Lettland
CY	Zypern	M	Malta
CZ	Tschechische Republik	MC	Monaco
D	Deutschland	MD	Republik Moldau
DK	Dänemark	MK	Mazedonien
E	Spanien*	N	Norwegen
EC	Sammelkennzeichnung EG	NL	Niederlande
EST	Estland	P	Portugal
EUR	Übriges Europa	PL	Polen
F	Frankreich	RO	Rumänien
FIN	Finnland	GR	Griechenland
FL	Liechtenstein	H	Ungarn
FR	Färöer	HR	Kroatien
GE	Georgien	I	Italien
RSM	San Marino	UA	Ukraine

RUS	Russische Föderation	UK	Vereinigtes Königreich
S	Schweden	V	Vatikanstadt
SK	Slowakei	YU	Rest Jugoslawien/ Serbien
SLO	Slowenien	WLD	Nicht hinterlegte Staaten
TM	Turkmenistan	UA	Ukraine
TR	Türkei	UK	Vereinigtes Königreich
*Spanien – Regionenkennzeichen			
AN	Andalusien	G	Galicien
AR	Aragonien	IB	Balearische Inseln
AST	Asturien	IC	Kanarische Inseln
C	Kantabrien	LR	La Rioja
CAT	Katalonien	M	Madrid
CL	Kastilien-Leon	G	Galicien
CM	Kastilien – La Mancha	MU	Murcia
CV	Valencia	NA	Navarra
EXT	Extremadura	PV	Baskenland

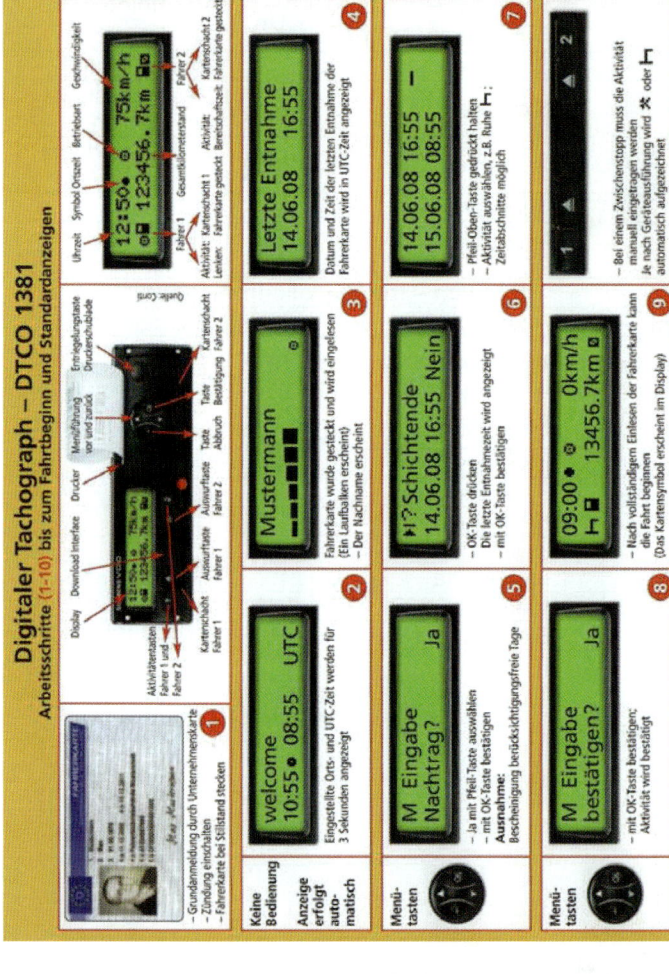

Digitaler Tachograph – DTCO 1381
Arbeitsschritte (1-10) bis zum Fahrtbeginn und Standardanzeigen

Keine Bedienung

❶
- Grundanmeldung durch Unternehmenskarte
- Zündung einschalten
- Fahrerkarte bei Stillstand stecken

Anzeige erfolgt automatisch

welcome
10:55● 08:55   UTC
- Eingestellte Orts- und UTC-Zeit werden für 3 Sekunden angezeigt

❷
Mustermann
- Fahrerkarte wurde gesteckt und wird eingelesen (Ein Laufbalken erscheint)
- Der Nachname erscheint

❸
Letzte Entnahme
14.06.08   16:55
- Datum und Zeit der letzten Entnahme der Fahrerkarte wird in UTC-Zeit angezeigt

❹
12:50● ⌾ 75km/h ▯▯
⊕▯ 123456. 7km ▥

Menütasten

M Eingabe
Nachtrag?   Ja
- Ja mit Pfeil-Taste auswählen
- mit OK-Taste bestätigen
Ausnahme:
Bescheinigung berücksichtigungsfreie Tage

❺
▶◀?Schichtende
14.06.08 16:55 Nein
- OK-Taste drücken
- Die letzte Entnahmezeit wird angezeigt
- mit OK-Taste bestätigen

❻
14.06.08 16:55   –
15.06.08 08:55
- Pfeil-Oben-Taste gedrückt halten
- Aktivität auswählen, z.B. Ruhe ⌖ :
- Zeitabschnitte möglich

❼
1   ◀   ▲   2

Menütasten

M Eingabe
bestätigen?   Ja
- mit OK-Taste bestätigen;
Aktivität wird bestätigt

❽
09:00● ⌾ 0km/h ▯
⌖▯ 13456.7km ▥
- Nach vollständigem Einlesen der Fahrerkarte kann die Fahrt beginnen
(Das Kartensymbol erscheint im Display)

❾
- Bei einem Zwischenstopp muss die Aktivität manuell eingetragen werden
- Je nach Gerätausführung wird ✹ oder ⌖ automatisch aufgezeichnet

Menütasten

Screen: `Eingabe ↘ Fahrer 1`
- OK-Taste drücken
- Pfeil-Taste drücken bis das Display erscheint
- Mit OK-Taste bestätigen

Arbeitstag-Ende

Screen: `▶◀● Ende Land  17.06.08  16:47  :D`
- OK-Taste drücken - Land mit OK-Taste bestätigen

Ausnahme:
Bei Fahrtende in einem anderen Land mit Pfeil-Taste das Land auswählen und mit OK-Taste bestätigen
Achtung: Spanien hat ein Regionsuntermenü

Tageswert erstellen

Screen: `▲▼ Fahrzeug  24h▲▼  Tageswert`
- OK-Taste drücken
- Pfeil-Taste drücken bis das Display Ausdruck erscheint ▲ Fahrzeug erscheint
- OK-Taste drücken - Datum mit Pfeil-Taste auswählen und mit OK-Taste bestätigen (Karte vergessen, verloren pp.)

Mögliche Displayanzeigen während der Fahrt

Screen: `1●01h21  ▮▮00h15  1●09h10`
- Beliebige Taste der Menüführung betätigen
- Lenkzeit seit einer Unterbrechung von 45 Min.
- gültige Unterbrechung „▮▮" von min. 15 Min.
- Aktualität und Dauer dieser Aktivität

Bemerkung:
Bei nochmaligem Betätigen der Menütaste oder nach 10 Sekunden erscheint wieder die Standardanzeige

Screen: `▮▮🕐 1 Pause!  1●06h10  ▮▮00h00`
- Hinweis an den Fahrer
- Entfernen durch 2 x OK-Taste

Screen: `≫ Geschwindig.  zu hoch  30`
- Hinweis an den Fahrer
- Entfernen durch 2 x OK-Taste
- Fahrt länger als 1 Min. über Abriegelwert
- Speicherung als Ereignis (Speichercode 30)

Screen: `!●Fahrt ohne gültige Karte  28`
- Die Fahrerkarte wurde nicht vollständig eingelesen oder
- Fahrt ohne oder ungültige Fahrerkarte
- Entfernen durch 2 x OK-Taste
- Speicherung als Ereignis (Speichercode 28)

Out of scope

Wichtig: Fahrten außerhalb der Verordnung, z.B. Beladung durch Beladepersonal

Screen: `09:00 ●  ⊙ 0km/h  OUT  13456.7km`
- OK-Taste drücken
- Pfeil-Taste drücken bis Display Eingabe ▲↘ Fahrzeug erscheint
- OK-Taste drücken
- Die Displayanzeige ▲↘ OUT → Beginn mit OK-Taste bestätigen

Achtung: Am Fahrtende, nach Verlassen des Landes oder Einstecken der Fahrerkarte wiederholen

Fähre/Zug

Screen: `▲↘ Fahrzeug  ⛴ Fähre/Zug`
- OK-Taste drücken
- Pfeil-Taste drücken bis das Display erscheint
- Bei Fahrtätigkeit wird Fähre/Zug automatisch gelöscht

Screen: `09:11●  ⊙  🔔  ✕▯ 123456.7km☒`

VERKEHRSVERLAG FISCHER

Telefon: 0211 – 9 91 93 – 0
Fax: 0211 – 6 80 15 44 / 0211 – 9 91 93 27

Shop: www.verkehrsverlag-fischer.de
E-Mail: vvf@verkehrsverlag-fischer.de

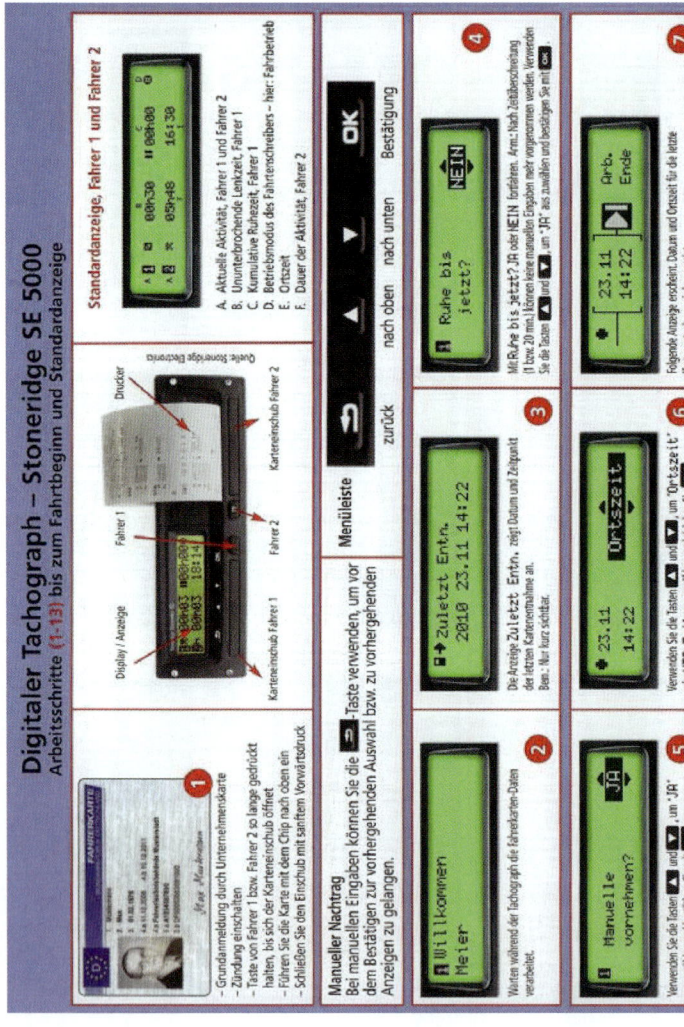

Digitaler Tachograph – Stoneridge SE 5000

Arbeitsschritte (1-13) bis zum Fahrtbeginn und Standardanzeige

Standardanzeige, Fahrer 1 und Fahrer 2

A. Aktuelle Aktivität, Fahrer 1 und Fahrer 2
B. Ununterbrochene Lenkzeit, Fahrer 1
C. Kumulative Ruhezeit, Fahrer 1
D. Betriebsmodus des Fahrtenschreibers – hier: Fahrbetrieb
E. Ortszeit
F. Dauer der Aktivität, Fahrer 2

Quelle: Stoneridge Beschreibung

Drucker

Karteneinschub Fahrer 2

Display / Anzeige   Fahrer 1   Fahrer 2

Karteneinschub Fahrer 1

Menüleiste

zurück   nach oben   nach unten   Bestätigung

1

- Grundanmeldung durch Unternehmerinnenkarte
- Zündung einschalten
- Taste von Fahrer 1 bzw. Fahrer 2 so lange gedrückt halten, bis sich der Karteneinschub öffnet
- Führen Sie die Karte mit dem Chip nach oben ein
- Schließen Sie den Einschub mit sanftem Vorwärtsdruck

Manueller Nachtrag
Bei manuellen Eingaben können Sie die ⮌-Taste verwenden, um vor dem Bestätigen zur vorhergehenden Auswahl bzw. zu vorhergehenden Anzeigen zu gelangen.

2
```
▯ Willkommen
  Meier
```
Warten während der Tachograph die Fahrerkarten-Daten verarbeitet.

3
```
▯→ Zuletzt Entn.
  2010 23.11 14:22
```
Die Anzeige Zuletzt Entn. zeigt Datum und Zeitpunkt der letzten Kartenentnahme an.
Bem.: Nur kurz sichtbar.

4
```
▯ Ruhe bis
  jetzt?        NEIN
```
Mit Ruhe bis jetzt? JA oder NEIN fortfahren. Anm.: Nach Zeitüberschreitung (1 bzw. 20 min.) können keine manuellen Eingaben mehr vorgenommen werden. Verwenden Sie die Tasten ▲ und ▼, um 'JA' aus zuwählen und bestätigen Sie mit OK

5
```
▯ Manuelle
  vornehmen?    JA
```
Verwenden Sie die Tasten ▲ und ▼, um 'JA' auszuwählen und bestätigen Sie mit OK

6
```
♦ 23.11
  14:22    Ortszeit
```
Verwenden Sie die Tasten ▲ und ▼, um 'Ortszeit' oder UTC-Zeit auszuwählen, und drücken Sie OK

7
```
♦ 23.11       Arb.
  14:22    ▯  Ende
```
Folgende Anzeige erscheint. Datum und Ortszeit für die letzte Kartenentnahme wird angezeigt.

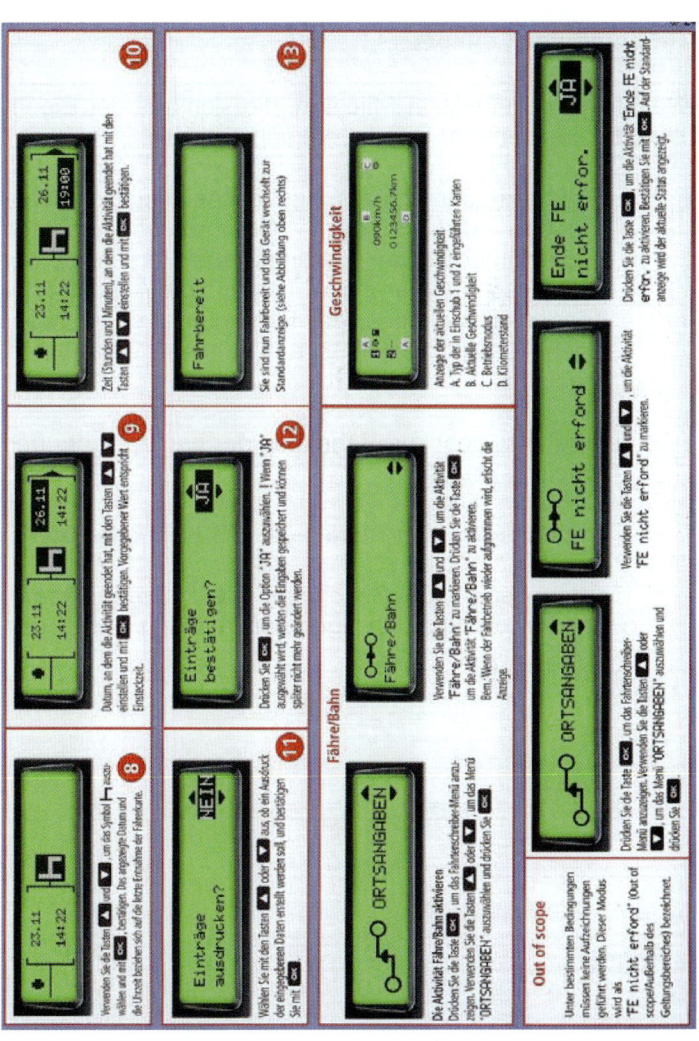

⑧ Einträge ausdrucken?

Verwenden Sie die Tasten ▲ und ▼ um ein Symbol ⊢ auszuwählen und mit **OK** bestätigen. Das angezeigte Datum und die Uhrzeit beziehen sich auf die letzte Entnahme der Fahrerkarte.

⑨

Datum, an dem die Aktivität geendet hat, mit den Tasten ▲ ▼ einstellen und mit **OK** bestätigen. Vorgegebener Wert entspricht der Einsteckzeit.

⑩

Zeit (Stunden und Minuten), an dem die Aktivität geendet hat mit den Tasten ▲ ▼ einstellen und mit **OK** bestätigen.

⑪

Wählen Sie mit den Tasten ▲ oder ▼ aus, ob ein Ausdruck der eingegebenen Daten erstellt werden soll, und bestätigen Sie mit **OK**

⑫ Einträge bestätigen?

Drücken Sie **OK** um die Option 'JA' auszuwählen. I Wenn 'JA' ausgewählt wird, werden die Eingaben gespeichert und können später nicht mehr geändert werden.

⑬ Fahrbereit

Sie sind nun fahrbereit und das Gerät wechselt zur Standardanzeige. (siehe Abbildung oben rechts)

Fähre/Bahn

Die Aktivität Fähre/Bahn aktivieren

Drücken Sie die Taste **OK** um das Fahrtenschreiber-Menü anzuzeigen. Verwenden Sie die Tasten ▲ oder ▼ um das Menü 'ORTSANGABEN' auszuwählen und drücken Sie **OK**

Verwenden Sie die Tasten ▲ und ▼ um die Aktivität 'Fähre/Bahn' zu markieren. Drücken Sie die Taste **OK** um die Aktivität 'Fähre/Bahn' zu aktivieren. Beim 'Wenn der Fahrtbetrieb wieder aufgenommen wird, erlischt die Anzeige.

Geschwindigkeit

Anzeige der aktuellen Geschwindigkeit
A. Typ (in Einschub 1 und 2 eingeführte Karten)
B. Aktuelle Geschwindigkeit
C. Betriebsmodus
D. Kilometerstand

Out of scope

Unter bestimmten Bedingungen müssen keine Aufzeichnungen geführt werden. Dieser Modus wird als 'FE nicht erford' (Out of scope/Außerhalb des Geltungsbereiches) bezeichnet.

Drücken Sie die Taste **OK** um das Fahrtenschreiber-Menü anzuzeigen. Verwenden Sie die Tasten ▲ oder ▼ um das Menü 'ORTSANGABEN' auszuwählen und drücken Sie **OK**

Verwenden Sie die Tasten ▲ und ▼ um die Aktivität 'FE nicht erford' zu markieren.

Drücken Sie die Taste **OK** um die Aktivität 'Ende FE nicht erfor.' zu aktivieren. Bestätigen Sie mit **OK**. Auf der Standardanzeige wird der aktuelle Status angezeigt.

Pflichten des Lenkers

Nachfolgend aufgelistet Pflichten, die sich aus der Eigenschaft eines Lenkers / einer Lenkerin ergeben:

→ Mitführen der Zulassungsbescheinigung (Zulassungsschein(e)), der Überprüfungsgutachten (Pickerlgutachten – Achtung Neue Vorschrift), der Gemeinschaftslizenz bzw. beglaubigte Abschrift der Konzessionsurkunde, der Fahrerkarte, der notwendigen Ausdrucke, der Schaublätter und des Führerscheines

→ Sorgfaltspflicht zur Einhaltung der Lenk-, Ruhe- und Arbeitszeiten

→ ordnungsgemäßer Betrieb der EG-Kontrollgeräte

→ ordnungsgemäße Beschriftung von Schaublättern, Ausdrucken und sonstigen notwendigen Unterlagen

Benutzungsvorschrift

In den verschiedenen nationalen und internationalen Rechtsvorschriften, die die Lenk-, Ruhe- und Arbeitszeiten betreffen, sind Vorschriften über das Benutzen von Kontrollgeräten und die Handhabung von Schaublättern und Fahrerkarten geregelt.

Diese Rechtsvorschriften sind:

- Verordnung (EU) Nr. 165/2014
- Verordnung (EG) Nr. 561/2006
- AETR
- Kraftfahrgesetz (KFG)
- Arbeitszeitgesetz (AZG)
- Arbeitsruhegesetz (ARG)

Daneben gelten weitere nationale Vorschriften, in denen ebenfalls Verantwortlichkeiten festgelegt sind, z.B.:

- Strafgesetzbuch (StGB)

Folgende Vorschriften sind insbesondere zu beachten:

1. Eingebaute Kontrollgeräte betreiben

   1.1 Schaublätter
   → Schaublätter beschriften
   → Richtiges Schaublatt verwenden
   → Schaublätter einlegen

→ Schaublätter wechseln (auch im Mehrfahrerbetrieb)

→ Schaublätter 28 Tage mitführen/aufbewahren

→ Schaublätter zur Kontrolle aushändigen

1.2 Fahrerkarte

→ Fahrerkarte einstecken

→ Eventuell manuelle Nachträge durchführen

→ Angaben über z.B. (Beginn oder Ende der
Fahrt) eingeben

→ Fahrerkarten wechseln (Mehrfahrerbetrieb)

→ Fahrerkarte mitführen

1.3 Gerätebedienung

→ Zeitgruppen schalten

→ Uhrzeitkontrolle und -einstellung

→ Funktionskontrolle

→ Aufzeichnungskontrolle

→ Alarmhinweise beachten

2. Bescheinigungen über berücksichtigungsfreie Tage
und von Kontrollorganen ausgehändigte Belege

→ unterschreiben

→ mitführen und zuständigen Kontrollorganen aushändigen

→ nach Mitführverpflichtung dem Unternehmer
zur Aufbewahrung aushändigen

Beschädigung, Fehlfunktion, Verlust oder Diebstahl der Fahrerkarte

Bei Beschädigung, Fehlfunktion, Verlust oder Diebstahl der Fahrerkarte müssen die Fahrer binnen sieben Kalendertagen einen Antrag auf Ersetzung der Karten stellen.

Wenn eine Fahrerkarte beschädigt ist, Fehlfunktionen aufweist oder sich nicht im Besitz des Fahrers befindet, hat der Fahrer:

a) zu Beginn seiner Fahrt die Angaben über das von ihm gelenkte Fahrzeug auszudrucken und in den Ausdruck:

b) Name, Nummer der Fahrerkarte oder des Führerscheines, eintragen und seine Unterschrift anzubringen;

c) andere Arbeiten, Bereitschaftszeiten und Ruhezeiten einzutragen;

Unter diesen Umständen darf der Fahrer seine Fahrt ohne Fahrerkarte während eines Zeitraums von höchstens 15 Kalendertagen fortsetzen, bzw. während eines längeren Zeitraums, wenn dies für die Rückkehr des Fahrzeugs zu seinem Standort erforderlich ist, sofern der Fahrer nachweisen kann, dass es unmöglich war, die Fahrerkarte während dieses Zeitraums vorzulegen oder zu benutzen.

INTERNATIONALE VORSCHRIFTEN

Betriebsstörung, Fehlfunktion des Fahrtenschreibers

Während einer Betriebsstörung oder bei Fehlfunktion des Fahrtenschreibers vermerkt der Fahrer die Angaben, mit denen er identifiziert werden kann (Name, Nummer seiner Fahrerkarte oder seines Führerscheins), zusammen mit seiner Unterschrift sowie die vom Fahrtenschreiber nicht mehr ordnungsgemäß aufgezeichneten oder ausgedruckten Angaben über die verschiedenen Zeiten

a) auf dem Schaublatt bzw. den Schaublättern oder

b) auf einem besonderen Blatt, das dem Schaublatt oder der Fahrerkarte beigefügt wird.

1.3 Kontrollgeräte

Durch Verordnung der Europäischen Union werden Vorschriften zu den Lenkzeiten, Fahrtunterbrechungen und Ruhezeiten für Kraftfahrer im Straßengüter- und Personenverkehr festgelegt, um die Bedingungen für den Wettbewerb zwischen Landverkehrsträgern, insbesondere im Straßenverkehrsgewerbe, anzugleichen und die Arbeitsbedingungen sowie die Straßenverkehrssicherheit zu verbessern. Ziel dieser Verordnungen ist es ferner, zu einer besseren Kontrolle und Durchsetzung durch die Mitgliedstaaten sowie zu einer besseren Arbeitspraxis innerhalb des Straßenverkehrsgewerbes beizutragen. (Auszug aus dem Art. 1 VO (EG) 561/2006)

Es gibt unterschiedliche Kontrollgerätearten.

Sie unterscheiden sich in:

- Fahrtschreiber im Sinne des § 24 KFG

- Analoge Kontrollgeräte / Fahrtenschreiber

- Digitale Kontrollgeräte / Fahrtenschreiber

Digitale Kontrollgeräte (Fahrtenschreiber) müssen in Fahrzeugen die der EU-VO unterliegen, ab der ersten Registrierung (Zulassung) 01.05.2006 (in Bulgarien und Rumänien ab 01.01.2007), eingebaut sein. Das AETR übernahm das digitale Kontrollgerät am 16.06.2010 und ist somit ab diesem Registrierungsdatum in Fahrzeugen die dem AETR unterliegen einzubauen.
Damit geht die Zeit der analogen Kontrollgeräte langsam aber sicher zu Ende.

Fahrtschreiber im Sinne des § 24 KFG

Lastkraftwagen und Sattelzugfahrzeuge mit einem Eigengewicht von mehr als 3.500 kg und Omnibusse müssen mit geeigneten Fahrtschreibern und Wegstreckenmessern ausgerüstet sein.

Abb. Fahrtschreiber

Ein in ein Fahrzeug eingebautes Kontrollgerät im Sinne der EU-VO ersetzt den Fahrtschreiber.

Fahrtschreiber sind ausschließlich innerstaatlich vorgeschrieben und gelten nur für in Österreich zugelassene Fahrzeuge.

Ein Fahrtschreiber hat als äußerliches Unterscheidungsmerkmal zu EU- oder AETR-Kontrollgeräten keine Zeitgruppenschalter.

Er schreibt somit nur Geschwindigkeiten, Wegstrecken und die Fahr- und Standzeiten auf.

Analoge Kontrollgeräte

Analoge EG-Kontrollgeräte werden bzw. wurden von verschiedenen Herstellern in sehr großer Anzahl in unterschiedlichen Modelltypen angeboten.

Es wird zwischen Standard- und Automatikgeräten sowie Ein- und Mehrfahrergeräten unterschieden.

Die Möglichkeit, das zu verwendende Fahrtenschreiberschaublatt in das Gerät einzulegen, kann, je nach Gerätehersteller und Typ, unterschiedlich sein. Die klassische Art ist das Öffnen der Tachometeranzeige mit einem Schlüssel, wie in den nachfolgenden Bildern gezeigt wird.

Abb.:   geschlossener Zustand eines analogen Kontrollgerätes

Abb.: geöffneter Zustand eines analogen Kontrollgerätes

Abb.: das Fahrtenschreiberschaublatt wird hier hineingelegt, nachdem es handschriftlich mit bestimmten Fahrer- und Fahrzeugdaten beschrieben wurde

Funktionsweise

Analoges Standardgerät für Mehrfahrer (Zweifahrergerät)

Model 1314

1. Zeitgruppenschalter für Fahrer 1 bzw.Fahrer 2
2. Warnsignal Geschwindigkeit
3. Optische Funktionskontrolle
4. Laufanzeige des Uhrwerks

Analoges Automatikgerät für Mehrfahrer (Zweifahrergerät)

Model 1319

1) Zeitgruppenschalter für Fahrer 1 bzw. Fahrer 2
2) Optische Funktionskontrolle
3) Laufanzeige des Uhrwerks
4) Warnsignal Geschwindigkeit
5) Multifunktionsanzeige mit Funktionskontrolle
6) Einzugsschacht für Fahrer 1
7) Einzugsschacht für Fahrer 2
8) Typenschild (unter Blende)

Weitere verschiedene analoge Kontrollgeräte

EG-Kontrollgerät (analog) mit einer Schublade zur Schaublattaufnahme.

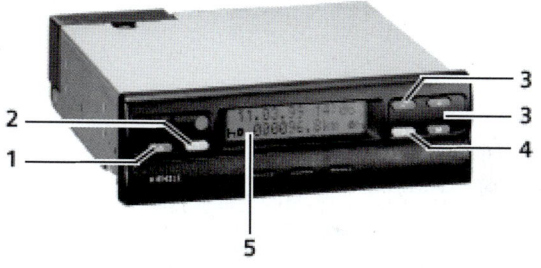

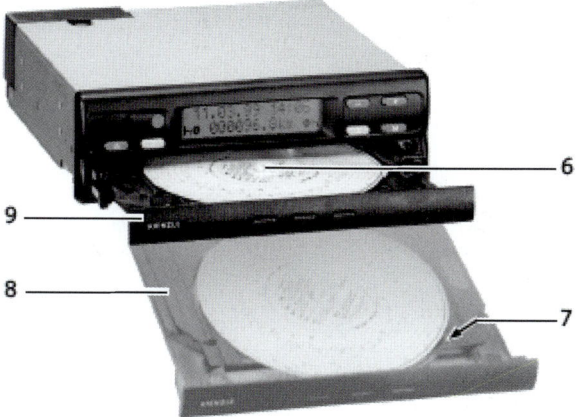

Model 1324

1) Taste zum Entriegeln der Schublade
2) Taste zum Einstellen der Zeitgruppe für den Fahrer 1
3) Menütaste
4) Taste zum Einstellen der Zeitgruppe für den Fahrer 2
5) Display
6) Schaublattaufnahme
7) Typenschild
8) Klappbare Schublade
9) Arretierte Schublade

Geöffnetes analoges Kontrollgerät (Mehrfahrergerät)

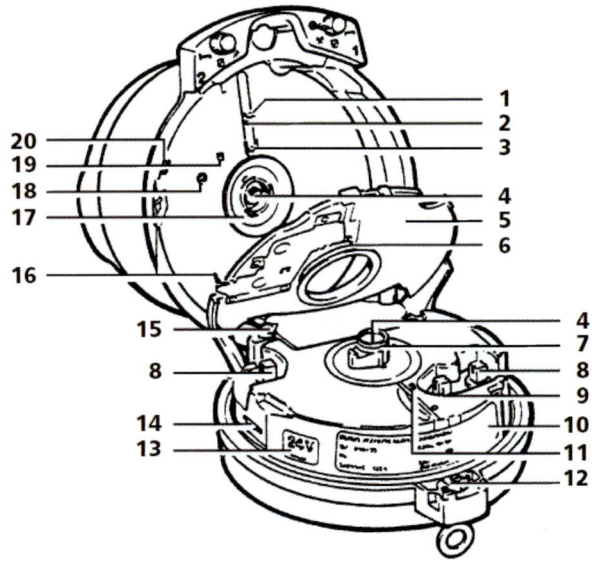

1 Geschwindigkeitsschreiber	**11** Deckelkontakt
2 Arbeitszeitschreiber Fahrer 1	**12** Schloßriegel
3 Wegstreckenschreiber	**13** Spannungsetikett
4 Zeigerkupplung Geschwindigkeit	**14** Zeigerstellrad Uhrzeit
5 Trennklappe	**15** Plombe
6 Arbeitszeitschreiber Fahrer 2	**16** Kupplung Fahrer 2
7 Diagrammscheiben-Aufnahme	**17** Schnellspannung
8 Glühlampe Beleuchtung	**18** Warnkontakt- Einstellung „v"
9 Glühlampe Warnlicht „v"	**19** Sichtfenster „v"- Warnung
10 Typenschild	**20** Deckplattenplombe

Kontrollgeräte

Einsatz von Schaublättern

Bei der Nutzung von analogen Kontrollgeräten oder Fahrtenschreibern sind Schaublätter (Diagrammscheiben) zu verwenden.
Welche Schaublätter zu verwenden sind, ist genau vorgeschrieben.

Welches Schaublatt in welchen Gerätetyp eingelegt werden darf, kann mit folgenden Hinweisen geprüft werden.

Zunächst ist der zugelassene Geschwindigkeitsbereich des Gerätes und der Schaublätter zu vergleichen. Beide Bereiche müssen identisch sein.

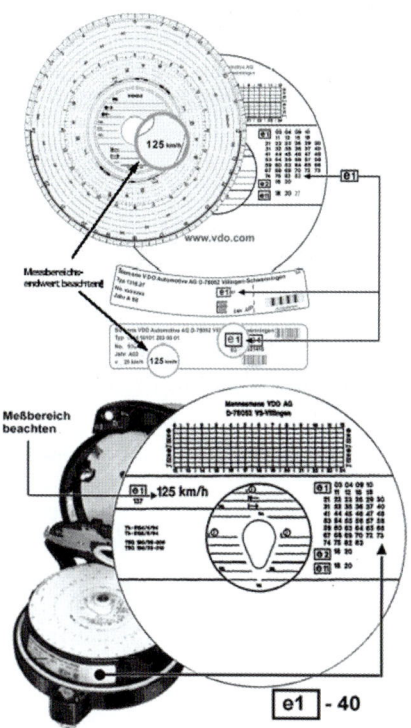

Ein weiteres Überprüfungsmerkmal sind die europäischen Zulassungscodierungen, die auf dem Typenschild im Gerät und auf dem Schaublatt vorhanden sind. Auch hier müssen beide Codierungen übereinstimmen.

Kontrollgeräte

Eine der Zulassungsnummern der Eintragungen auf der Rückseite des Schaublattes und der Geschwindigkeitsbereich müssen mit der Eintragung der Zulassungsnummer auf dem Typenschild am Kontrollgerät übereinstimmen.

Beispiel:

e1 40 (vom Kontrollgerät) und
e1 40 (auf der Schaublattrückseite)

Automatische Aufzeichnungen

Geschwindigkeitsaufzeichnung

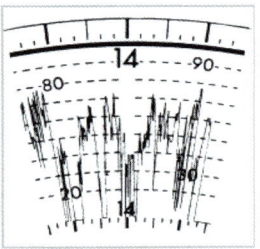

Durch die Auf- und Abwärtsbewegung des Schreibstiftes beim Beschleunigen bzw. Abbremsen und dem Kontinuierlichen Schaublatt-Transport durch das Uhrwerk entsteht ein Kurvendiagramm.

Die gestrichelten Kreislinien auf dem Schaublatt erlauben das Ablesen der gefahrenen Geschwindigkeit zu jedem gewünschten Zeitpunkt.

Zeitgruppenaufzeichnung

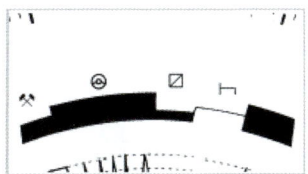

Der Tachograph registriert folgende fahrerbezogenen Zeiten: Lenkzeit, sonstige Arbeitszeit, Bereitschaftszeit und Pausen bzw. Ruhezeiten

Wegstreckenaufzeichnung

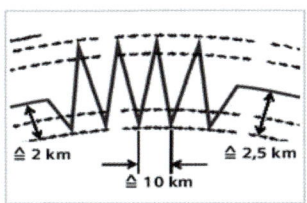

Diese ermöglicht die Aufzeichnung von Gesamt- und Teilstrecken.
Der Wert zwischen zwei Spitzen entspricht dabei einer Wegstrecke von 10 km. Durch hinzu addieren der Teilmengen, errechnet sich der Gesamtwert.
Beispiel: 2 km + (4x10 km) + 2,5 km = 44,5 km

Öffnungsmarkierungen

Markierung bei VDO 1308, 1310, 1311, 1314, 1315 und 1318

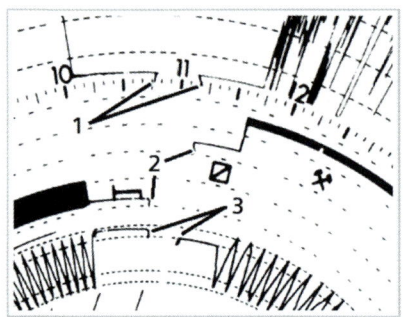

1) Öffnungsmarkierung bei Geschwindigkeitsaufzeichnung

2) Öffnungsmarkierung bei Zeitgruppenaufzeichnung

3) Öffnungsmarkierung bei Wegstreckenaufzeichnung

Markierung bei VDO FTCO 1319 und MTCO 1324 und 1390

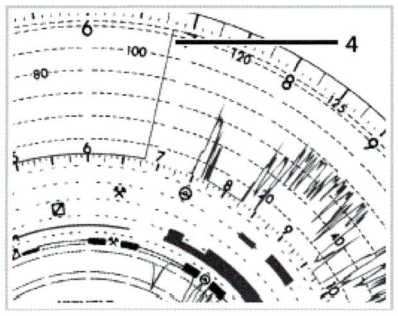

Jeder Auswurf des Schaublattes wird durch eine Markierung (4) in Form einer dünnen Linie über den gesamten Geschwindigkeitsbereich dokumentiert.

Handschriftliche Eintragungen

Schaublätter
(Diagrammscheiben)

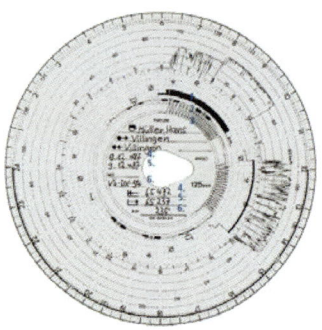

Es sind unterschiedliche handschriftliche Eintragungen zu erstellen.

Das bereits erwähnte Schaublatt muss auf der Vorderseite handschriftlich ausgefüllt werden.
Dazu müssen bei Arbeitsbeginn (auf der Abb. in schwarzer Schrift)

→ Vorname und Name,

→ Abfahrdatum,

→ Abfahrkilometer und

→ Kraftfahrzeugkennzeichen

leserlich eingetragen werden.

Bei Arbeitsende müssen (auf der Abb. in roter Schrift)

→ Abstellort (Endeort),

→ Entnahmedatum und

→ Endkilometer

auf dem Schaublatt leserlich ergänzt werden.

Eintragungen auf der Rückseite der Diagrammscheibe

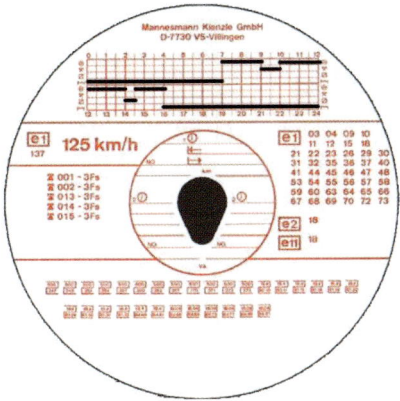

Beispielsweise muss der Fahrer die Arbeits- und Ruhezeiten manuell nachtragen wenn der Lenker sich nicht beim Fahrzeug aufhält und die Diagrammscheibe entnommen hat.

Im Innenfeld der Rückseite der Diagrammscheibe können Fahrzeugwechsel vermerkt werden. Dabei sind die Uhrzeit, der Kilometerstand beim Fahrzeugwechsel, das amtliche Kennzeichen und der Kilometerstand nach dem Arbeitsende einzutragen.

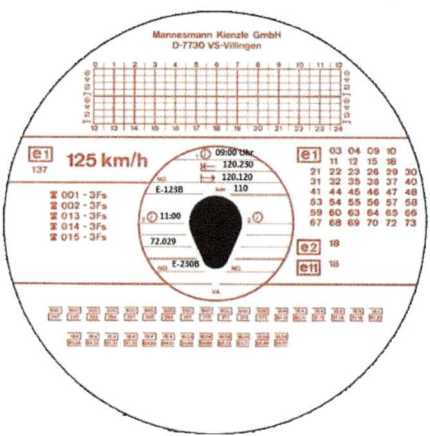

Digitale Kontrollgeräte / Fahrtenschreiber

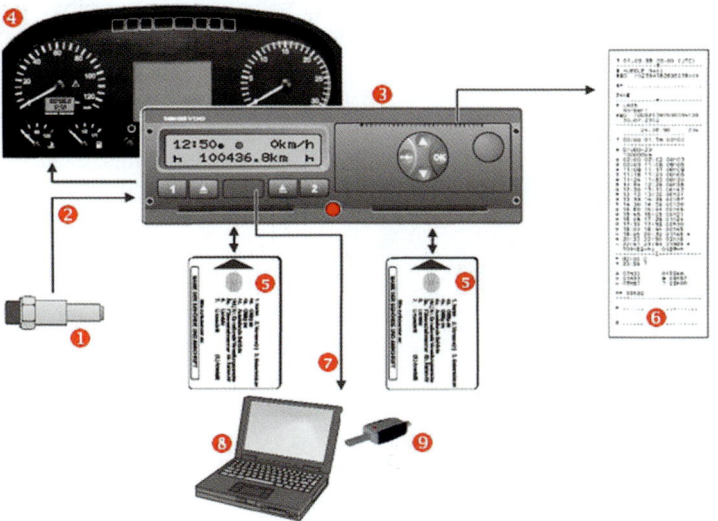

1	KITAS-Geber	**6**	Ausdruck
2	Geberleitung	**7**	Downloadschnittstelle
3	Digitaltachograph	**8**	Laptop/Software
4	Kombiinstrument	**9**	Downloadkey
5	Chipkarten		

Abb.: obere Armatur,
eingebautes, digitales
EG-Kontrollgerät

Abb.: obere Armatur, eingebautes, digitales EG-Kontrollgerät

Mit diesen Geräten werden keine Schaublätter beschriftet,
sondern Fahrdaten, so genannte Ereignisse, gespeichert.
Das wird zum einen über mindestens 365 Tage in der Fahrzeugeinheit und zum Zweiten auf die zu nutzende Fahrerkarte über mindestens 28 Tage umgesetzt.

Digitale Kontrollgeräte müssen in Fahrzeugen die der EU-VO unterliegen, ab der ersten Registrierung (Zulassung) 01.05.2006 (Bulgarien und Rumänien ab 01.01.2007), eingebaut sein.

Das AETR übernahm das digitale Kontrollgerät am 16.06.2010 und ist somit ab diesem Registrierungsdatum in Fahrzeugen die dem AETR unterliegen ein digitales Kontrollgerät einzubauen.

Kontrollgeräte

Zum augenblicklichen Zeitpunkt gibt es europaweit vier Hersteller von digitalen Kontrollgeräten:

- Firma Actia mit dem Gerät „Smar Tach" *(entspricht jedoch nicht mehr den Voraussetzungen der EU-VO 1266/2009 und wird in neuen Fahrzeugen somit nicht mehr eingebaut)*
- Firma Stoneridge
- Firma Efkon Firma Continental / VDO

Die Geräte werden über eine elektronische Geberleitung mit Fahrereignissen informiert. Dieses sind Geschwindigkeit, Fahr- und Stehzeiten.

Diese Leitung verbindet das Getriebe des Fahrzeugs mit dem digitalen Kontrollgerät.
Der Impulsgeber ist mit dem digitalen Kontrollgerät durch eine ermächtigte Werkstatt „verheiratet" (gekoppelt), eine Ersetzung des Impulsgebers und erneute Koppelung kann nur durch eine ermächtigte Werkstatt durchgeführt werden.

Wird diese Verbindung getrennt, so entsteht sofort ein Eintrag im internen Fehlerspeicher des digitalen Kontrollgerätes, der auch nicht mehr löschbar ist.

Abbildungen mit Erläuterungen der bisherigen digitalen Kontrollgeräte

Hersteller: Actia – Typ: „Smart Tach"

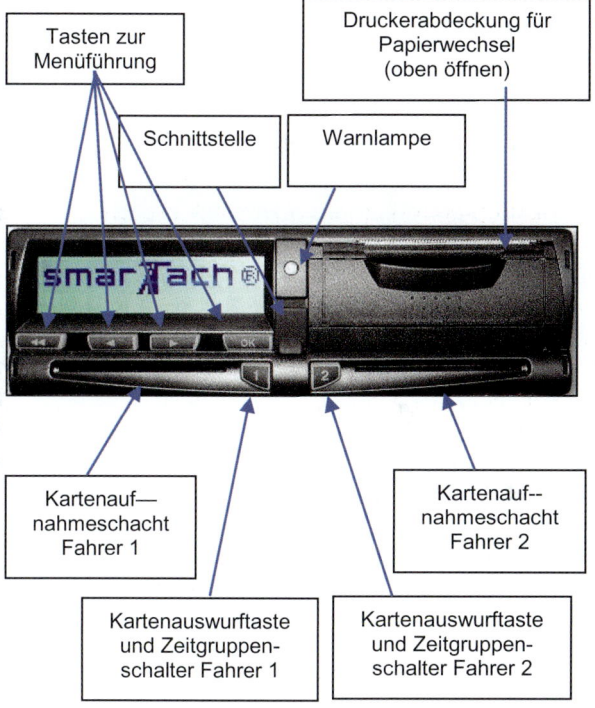

Tasten zur Menüführung

Druckerabdeckung für Papierwechsel (oben öffnen)

Schnittstelle

Warnlampe

Kartenauf—nahmeschacht Fahrer 1

Kartenauf--nahmeschacht Fahrer 2

Kartenauswurftaste und Zeitgruppen-schalter Fahrer 1

Kartenauswurftaste und Zeitgruppen-schalter Fahrer 2

Hersteller: Stoneridge - Typ: „SE 5000"

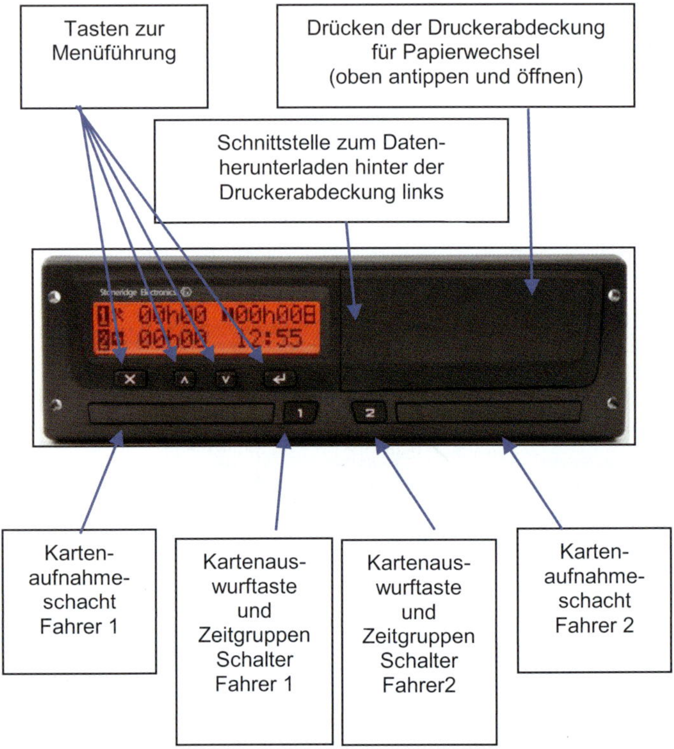

Tasten zur
Menüführung

Drücken der Druckerabdeckung
für Papierwechsel
(oben antippen und öffnen)

Schnittstelle zum Daten-
herunterladen hinter der
Druckerabdeckung links

Karten-
aufnahme-
schacht
Fahrer 1

Kartenaus-
wurftaste
und
Zeitgruppen
Schalter
Fahrer 1

Kartenaus-
wurftaste
und
Zeitgruppen
Schalter
Fahrer2

Karten-
aufnahme-
schacht
Fahrer 2

Hersteller: EFKON - Typ: „EFAS 3"

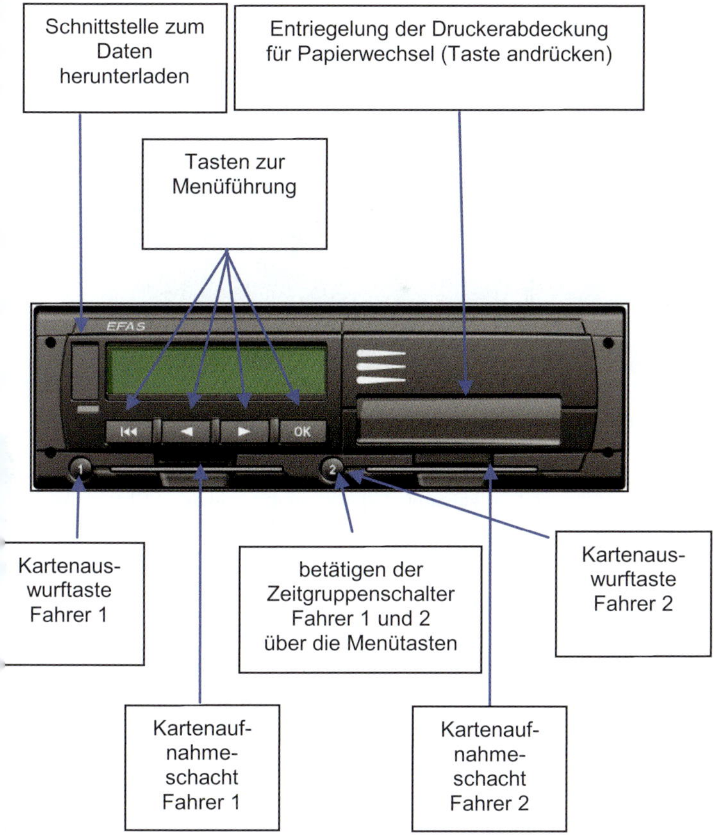

Schnittstelle zum
Daten
herunterladen

Entriegelung der Druckerabdeckung
für Papierwechsel (Taste andrücken)

Tasten zur
Menüführung

Kartenaus-
wurftaste
Fahrer 1

betätigen der
Zeitgruppenschalter
Fahrer 1 und 2
über die Menütasten

Kartenaus-
wurftaste
Fahrer 2

Kartenauf-
nahme-
schacht
Fahrer 1

Kartenauf-
nahme-
schacht
Fahrer 2

Hersteller: Continental / VDO – Typ: „DTCO 1381"
bis Rel. 2.1

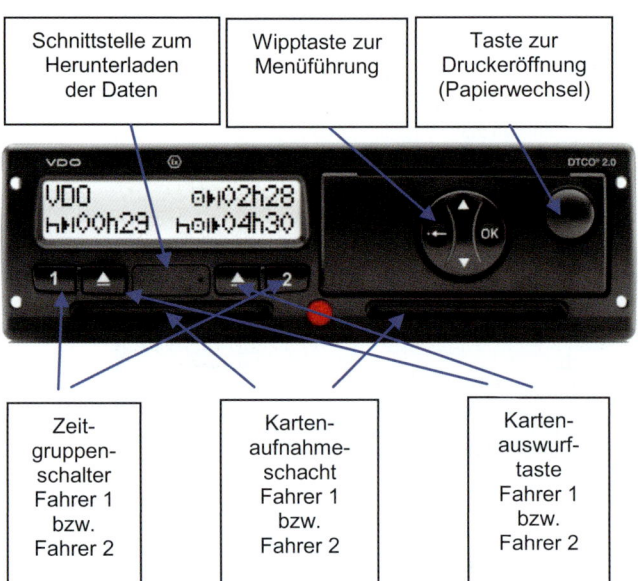

| Schnittstelle zum Herunterladen der Daten | Wipptaste zur Menüführung | Taste zur Druckeröffnung (Papierwechsel) |

| Zeit-gruppen-schalter Fahrer 1 bzw. Fahrer 2 | Karten-aufnahme-schacht Fahrer 1 bzw. Fahrer 2 | Karten-auswurf-taste Fahrer 1 bzw. Fahrer 2 |

Display:

Uhrzeit   Symbol   Betriebsart   Geschwindigkeit
          Ortszeit   „Lenken"

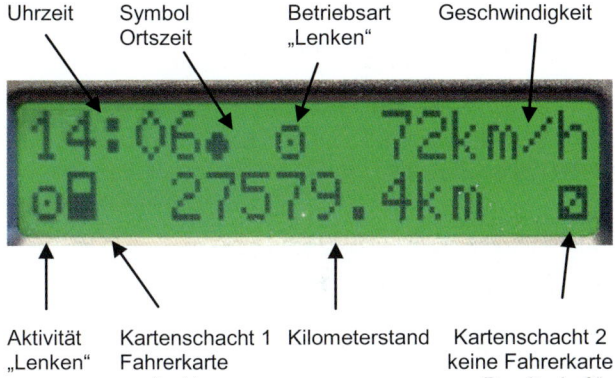

Aktivität   Kartenschacht 1 Kilometerstand Kartenschacht 2
„Lenken"   Fahrerkarte   keine Fahrerkarte
         gesteckt   „Bereitschaft"
         Fahrer 1

Wipptaste zur Menüführung:

Pfeiltaste oben:

Nach oben innerhalb einer
Menüebene blättern

Rücktaste

(Pfeiltaste links)
Zur vorherigen
Menüebene
zurückspringen

OK- Taste:

Einen Menüpunkt
aufrufen.

Pfeiltaste unten:

Nach unten innerhalb
einer Menüebene blättern.

EU (VO) 1266/2009

Mit 01.10.2011 werden in die Fahrzeuge digitale Kontrollgeräte der **2. Generation** eingebaut:

- Continental / VDO Rel. 1.3a

- Stoneridge 7.3

- EFCON 2.0

Dadurch erreichte Änderungen:

- Warnmeldung bei „Out of scope" wird unterdrückt

- Kartendownload ohne Unternehmenskarte

- neue 1-Minuten-Regel

- Manueller Nachtrag in Ortszeit

- Eingabe Kennzeichen mit Unternehmerkarte (einmalig nach Erstkalibrierung)

- Aktivierung bevor Fahrzeug nach VO (EG) Nr. 561/2006 betrieben wird (Kalibrierung 5 beim technischen Ausdruck)

Seit 01.10.2012 gibt es nun digitale Kontrollgeräte der 3. Generation:

Continental VDO DTCO Rel. 2.0, Efcon 2.0 bzw. Stoneridge 7.4

Dadurch erreichte Änderungen:

- Zweites unabhängiges Bewegungssignal (IMS: independent motion signal) vom ABS bzw. GPS

- Neuer Sensor KITAS 2+ (Magnetsicherheit)

- Alle Ausdrucke können auch in Ortszeit erstellt werden

Die Kontrollgeräte der 3. Generation beinhalten auch die Funktionen der 2. Generation.

Continental / VDO – Typ: „DTCO 1381" ab Rel. 2.2

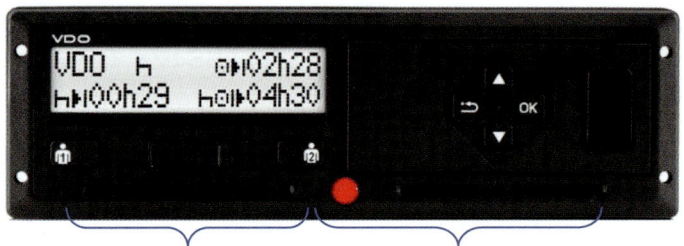

Ein Tasten Bedienung   Neues Design der Taste
(Kartenauswurf / Aktivitäten)

Das Umschalten der Zeitgruppen und der Kartenauswurf erfolgt bei diesem Design über jeweils eine Taste für Fahrer 1 und Fahrer 2.

- Einmal kurz drücken = Umschalten der Zeitgruppe
- Längeres Drücken = Kartenauswurf

Die Menütaste und die Druckerschublade haben lediglich ein anderes Design.

Das gewohnte Frontblendendesign der Vorgängerversionen wird bis auf weiteres bei Volvo und Renault beibehalten.

Es wurde auch des Sicherheitskonzept für das Gehäuse geändert. Das Gehäuse ist zusätzlich mit zwei Werksplomben mit Siegelfolie versehen. Dabei wird die Siegelnummer auch im technischen Ausdruck zur Kontrolle angeführt. Nach internen Vorschriften von VDO darf bei beschädigtem Siegl das Kontrollgerät nicht mehr kalibriert werden und muss ausgetauscht werden.

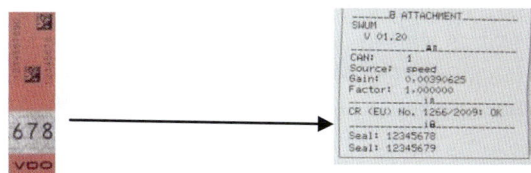

Siegel mit Nummer   Technischer Ausdruck
                           mit Siegelnummer

Continental / VDO – Typ: „DTCO 1381" Rel. 3.0
(Vorstufe zum Intelligenten Tachograph)

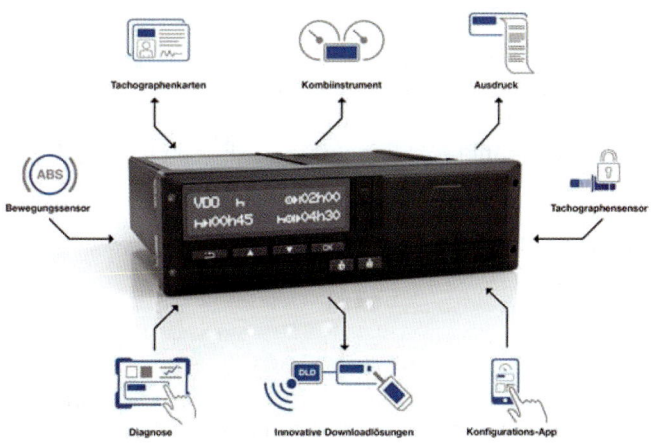

- Schnelleres Karten-Lesen (bis zu 25%)
- Beschleunigter Datendownload (bis zu 50%)
- Schneller Karten-Auswurf (bis zu 50%)
- Schnelleres Karten-Lesen beim Mehrfahrerbetrieb (bis zu 50%)
- Reduzierter Ruhestromverbrauch:
  - ADR 12 mA ➜ ~5,5 mA)*
  - nonADR 6mA ➜ ~ 4 mA)*
- Reduzierung des Gewichts um 50% (~1300g à ~600g)
- Neue Haptik / Bedienoberfläche
- Einfache Bedienung des DTCO 3.0 mittels Smartphones (Remote HMI)
- Kein Abfrage „Tagesausdruck" beim Auswurf der Fahrerkarte
- Chipkartenschächte / Drucker und Display sind bei ADR Z1 Varianten auch nach Zündung aus uneingeschränkt funktionsfähig

Continental / VDO – Typ: „DTCO 4.0"

(Intelligenter Tachograph Smart Tachograph, verpflichtender Einbau in Fahrzeugen ab: 15. Juni 2019 (erstmalige Zulassung))

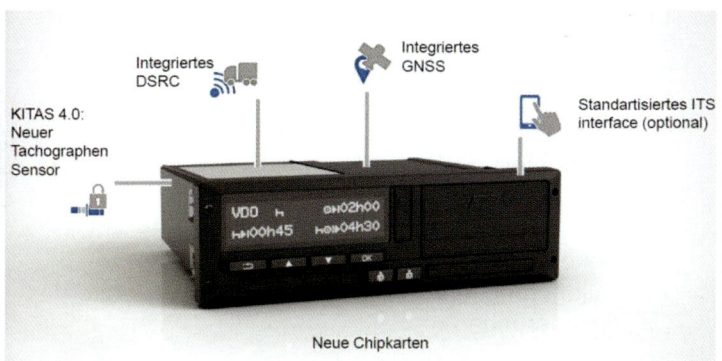

Technischer Fortschritt

Aufzeichnung des Fahrzeugstandorts (GNSS, Art. 8)

Automatische Aufzeichnung des Fahrzeugstandorts zu Beginn der täglichen Arbeitszeit, nach jeweils 3h kumulierter Lenkzeit und am Ende der täglichen Arbeitszeit

Standortdaten
- dürfen nur vorübergehend gespeichert werden
- müssen automatisch gelöscht werden
- dürfen für keinen Nutzer zugänglich sein

Anmerkung: Aufzeichnung lediglich nach 3h kumulierter Lenkzeit.

Fernkommunikation (DSRC, Art. 9)

- letzter Versuch einer Sicherheitsverletzung
- längste Unterbrechung der Stromversorgung
- Sensorstörung
- Datenfehler Weg und Geschwindigkeit
- Datenkonflikt Fahrzeugbewegung
- Fahren ohne gültige Karte
- Einstecken der Karte während des Lenkens
- Zeiteinstellungsdaten
- amtliches Kennzeichen des Fahrzeugs
- vom Fahrtenschreiber aufgezeichnete Geschwindigkeit
- Kalibrierungsdaten (inkl. Datum der zwei letzten Kalibrierungen)

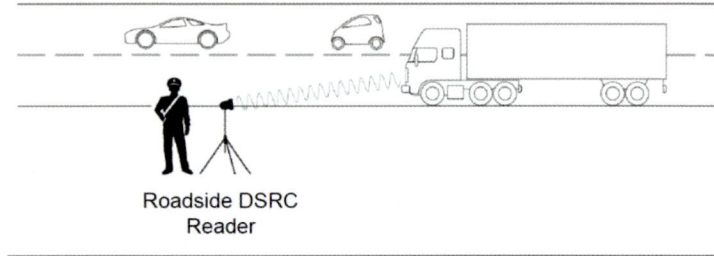

Roadside DSRC
Reader

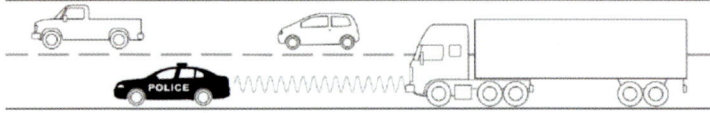

Mobile DSRC
Reader

Dazu gehört natürlich ein neuer Sensor / KITAS 4.0

- Neues Gehäusematerial (Aluminium)
- Neue Gehäuseform
- Neue Sicherheitsmechanismen

Weiters werden neue Tachographenkarten (2 Generation) benötigt

- Der DTCO 4.0 kann nur mit Generation 2 Werkstattkarten aktiviert und kalibriert werden
- Fahrer-, Unternehmens-, Kontrollkarten der Generation 1 funktioneren im DTCO 4.0
- Alle Generation 2 Tachographenkarten beinhalten die Generation 1 Daten und funktionieren auch im DTCO 1.x, 2.x, 3.x

Kontrollgeräte

Auf Fahrer- und Werkstattkarten der Generation 2 werden zusätzlich folgende Informationen gespeichert:

- Benutzte Tachographen
- GNSS Positionen (Beginn-/Ende Arbeitstag, alle 3 Stunden Lenkzeit)

Aufbewahrungspflicht der Daten

Die in der Fahrzeugeinheit und auf der Fahrerkarte gespeicherten
Daten müssen vom Unternehmer gesichert und ein Jahr im Sinne der Verordnung aufbewahrt werden.
Im Sinne des Arbeitszeitgesetzes ist die Aufbewahrungspflicht zwei Jahre, für die Gebietskrankenkassen 5 Jahre Aufbewahrungspflicht und wenn die Daten für eine Verrechnung herangezogen werden beträgt die Frist sieben Jahre im Sinne des Finanzstrafgesetzes.

Zeitangaben in UTC

UTC steht für **Universal Time Coordinated**, früher auch offiziell als GMT (**Greenwich Mean Time**) bezeichnet. Von der UTC, der **koordinierten Weltzeit**, ausgehend werden die verschiedenen Zeitzonen berechnet.

In Österreich beträgt der Unterschied von UTC auf Ortszeit plus 1 Stunde. Wenn es also 12:00 Uhr UTC Zeit ist, ist es in Österreich 13:00 Uhr (in der Winterzeit – während der Sommerzeit 14:00 Uhr

Das digitale Kontrollzeit arbeitet grundsätzlich mit der UTC Zeit. So war es bei den älteren digitalen Kontrollgeräten auch nur möglich sämtliche Ausdrucke in UTC zu tätigen. Erst seit der VO (EU) 1266/2009 ist es möglich die Ausdrucke auch in Ortszeit zu tätigen.

```
▼ 03.11.2016 15:11 (UTC)
```

Ausdrucke

Digitale EG-Kontrollgeräte erfassen die Fahraufzeichnungen sowie die Zeitgruppen in der Fahrzeugeinheit über mindestens 365 Tage sowie auf der Fahrerkarte über mindestens 28 Tage in elektronischer Form.

Bei Unterwegskontrollen können Kontrollorgane diese Daten herunterladen, auswerten und digital sicherstellen.

Zusätzlich ist es möglich, die Daten auf einem „Ausdruck" aus der Fahrzeugeinheit auszudrucken. Je nach Befehl an die Fahrzeugeinheit, können unterschiedliche Ausdrucke erstellt werden.

Das Erstellen eines Ausdrucks muss durch den Unternehmer und dem Lenker ermöglicht werden. Zugang zum Gerät und ausreichend Papier für geforderte Ausdrucke müssen vorhanden sein.

Bei dem zu verwendenden Papier handelt es sich um ein zugelassenes Thermopapier. Eine geschützte Aufbewahrung der Ausdrucke ist unbedingt notwendig, da beispielsweise aufgrund von Sonneneinstrahlung das Thermopapier unlesbar wird. Wird ein umfangreicher Ausdruck von Daten gefordert, sind möglicherweise einige Rollen dieses Thermopapiers erforderlich. Hierfür hat der Unternehmer dem Lenker eine ausreichende Anzahl auszuhändigen, die der Lenker in ausreichender Anzahl mitführen muss.

Ferner ist der Ausdruck wie ein Schaublatt zu behandeln. Es besteht eine Mitführ- und Aushändigungspflicht.

Kontrollgeräte

Mit dem Befehl „Drucken" können bei eingeschobener Fahrerkarte gespeicherte Informationen von dieser Karte ausgedruckt werden.

Diese Informationen beziehen sich u.a. auf die Lenk- und Ruhezeiten des Lenkers.

Das Druckerpapier hat eine EG-Zulassung und unterliegt einem speziellen Genehmigungsverfahren. Es darf kein übliches Thermopapier verwandt werden.
Beim Ausdruck als auch bei der „Anzeige" am digitalen Kontrollgerät selbst werden Piktogramme verwendet.

Einzelpiktogramme

Betriebsarten/Personen

♙	Kontrolle / Kontrolleur
♘	Unternehmen
☉	Fahrbetrieb / Fahrer
T	Kalibrieren / Werkstatt
◻	Fertigungsstand / Hersteller

Aktivitäten des Fahrers

☆	Sonstige Arbeitszeit
∥	Gültige Unterbrechung
?	Unbekannte Zeit
▣	Bereitschaftszeit
☉	Lenkzeit
⊢	Pause und Ruhezeit

Geräte / Funktionen

1	Kartenschacht 1
2	Kartenschacht 2
▯	Tachographenkarte
☉	Uhr / Zeit
▼	Drucker / Ausdruck
↘	Eingabe

Verschiedenes

M	Manuelle Eingabe
OUT	Kontrollgerät nicht erforderlich / Out of scope
⚓	Fährüberfahrt, Zugfahrt
24h	Täglich
→	Von oder bis
I	Wöchentlich
II	Zwei Wochen
Σ	Verzögerung

Kontrollgeräte

!	Ereignis
×	Störung
⥣	Arbeitszeitwarnung
ⓘⱶ	Beginn des Arbeitstages
ⱶⓘ	Ende des Arbeitstages
•	Ort, Ortszeit
🔒	Sicherheit
>	Geschwindigkeit
Σ	Zusammenfassung

Piktogrammkombinationen

Karten

⊙🎴	Fahrerkarte
⌂🎴	Unternehmenskarte
⊡🎴	Kontrollkarte
⊤🎴	Werkstattkarte
🎴--	Keine Karte

Lenken

⊙⊙	Teambetreib
⊙l	Lenkzeit einer Woche
⊙ll	Lenkzeit zweier Wochen

Ausdrucke

24h🎴▼	Täglicher Ausdruck der Fahreraktivitäten von der Fahrerkare
!×🎴▼	Ausdruck der Ereignisse und Störungen von der Fahrerkarte
⟩⟩▼	Ausdruck Geschwindigkeitsüberschreitungen
T⊙▼	Ausdruck Technische Daten
24h⌂▼	Täglicher Ausdruck der Fahreraktivitäten vom Kontrollgerät
!×⌂▼	Ausdruck der Ereignisse und Störungen vom Kontrollgerät
⅙v▼	Ausdruck Geschwindigkeitsprofil
⅙n▼	Ausdruck Drehzahlprofil

164

Anzeigen

24h▪□	Anzeige täglicher Ausdruck der Fahreraktivitäten von der Fahrerkarte
!x▪□	Anzeige Ausdruck Ereignisse und Störungen von der Fahrerkarte
!x▲□	Anzeige Ausdruck Ereignisse und Störungen vom Kontrollgerät
»□	Anzeige Ausdruck Geschwindigkeitsüberschreitungen
24h▲□	Anzeige täglicher Ausdruck der Fahreraktivitäten vom Kontrollgerät
T⊕□	Anzeige Ausdruck Technische Daten

Verschiedenes

□◆	Kontrollort
⊕→	Anfangszeit
→⊕	Endzeit
OUT→	Kontrollgerät nicht erforderlich Beginn
→OUT	Kontrollgerät nicht erforderlich Ende
◆⊩	Ort bei Beginn des Arbeitstages
⊫◆	Ort bei Ende des Arbeitstages
A→	Von Fahrzeug
□▼	Ausdruck Fahrerkarte
A▼	Ausdruck Fahrzeug / Kontrollgerät
A⌄	Eingabe Fahrzeug / Kontrollgerät
□□	Anzeige Fahrerkarte
A□	Anzeige Fahrzeug / Kontrollgerät
◆⊕	Ortszeit
⊕‡	UTC Korrektur

Ereignisse

!□	Einstecken einer ungültigen Karte
!⊕⊕	Zeitüberlappung
!□⊕	Einstecken Fahrerkarte während der Fahrt
»	Geschwindigkeitsüberschreitung
!Λ	Datenfehler Weg und Geschwindigkeit
!⊕	Zeiteinstellung durch Werkstatt

Kontrollgeräte

!▪▪ Kartenkonflikt
!▫▪ Lenken ohne geeignete Fahrerkarte
!▪◣ Letzter Kartenvorgang unabgeschlossen
!↯ Unterbrechung der Stromversorgung
!▪ Sicherheitsverletzung
)◻ Kontrolle Geschwindigkeitsüberschreitung

Störungen

x▪1 Kartenfehlfunktion in Kartenschacht 1
x▪2 Kartenfehlfunktion in Kartenschacht 2
x◻ Anzeigestörung
x▼ Druckerstörung
x◭ Interne Störung im Kontrollgerät
x↯ Störung beim Herunterladen
x◪ Sensorstörung

Arbeitszeitwarnungen

◳◦ Pause, bereits 04h 15 (bzw. 04h30) unterweg
◳▪ Eingabe falsch
◳ Menü
◳↘ Zugriff nicht möglich
◳▼ Bitte etwas eingeben
◳▼ Ausdruck nicht möglich
◳▼◦ Schublade des Druckers ist offen
◳▼◙ Drucker hat kein Papier
◳▪ Der Ausdruck verzögert sich
◳▪ Karte ist fehlerhaft
◳▪ Falsche Karte
◳▪◙ Kartenauswurf nicht möglich
◳▪? Vorgang verzögert sich
◳◭ Die Aufzeichnung ist inkonsistent
Gerätestörung

Manuelle Eingaben

◍▸? Beginn des Arbeitstages eingeben
◳? Ende des Arbeitstages eingeben
◆▸? Ort bei Arbeitsbeginn eingeben
▸◆? Ort bei Arbeitsende eingeben

Erläuterung der Ausdrucke

Täglicher Ausdruck von der Karte

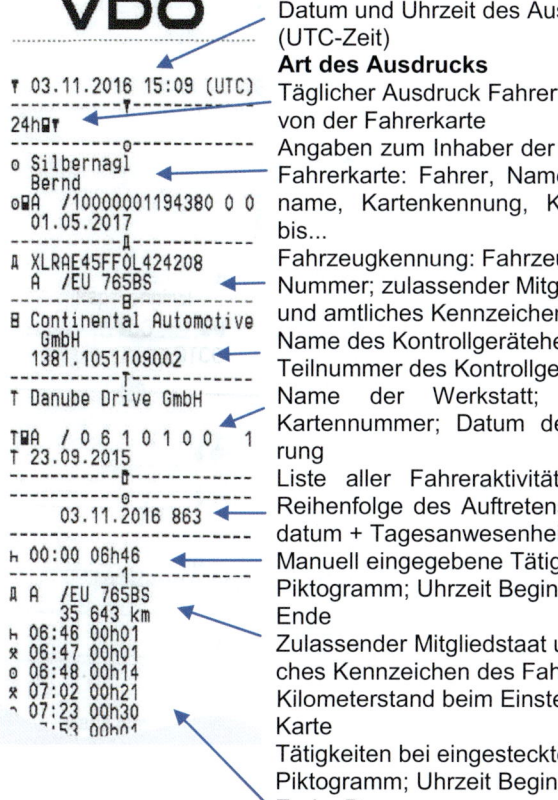

Datum und Uhrzeit des Ausdrucks (UTC-Zeit)

Art des Ausdrucks

Täglicher Ausdruck Fahrertätigkeiten von der Fahrerkarte

Angaben zum Inhaber der gesteckten Fahrerkarte: Fahrer, Name und Vorname, Kartenkennung, Karte gültig bis...

Fahrzeugkennung: Fahrzeug- ID Nummer; zulassender Mitgliedstaat und amtliches Kennzeichen

Name des Kontrollgeräteherstellers

Teilnummer des Kontrollgerätes

Name der Werkstatt; Werkstatt-Kartennummer; Datum der Kalibrierung

Liste aller Fahreraktivitäten in der Reihenfolge des Auftretens: Abfragedatum + Tagesanwesenheitszähler

Manuell eingegebene Tätigkeit: Piktogramm; Uhrzeit Beginn und Ende

Zulassender Mitgliedstaat und amtliches Kennzeichen des Fahrzeugs

Kilometerstand beim Einstecken der Karte

Tätigkeiten bei eingesteckter Karte Piktogramm; Uhrzeit Beginn und Ende, Dauer

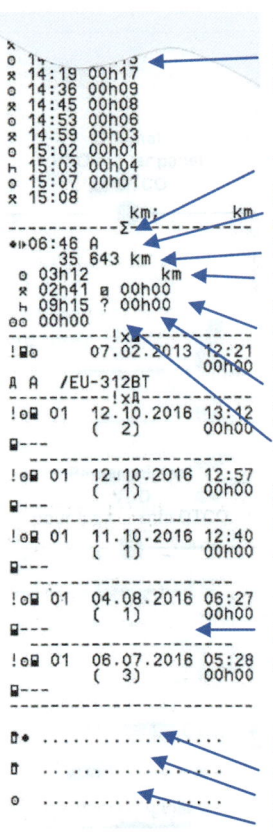

Tätigkeiten bei eingesteckter Karte
Piktogramm; Uhrzeit Beginn und
Ende, Dauer

Tageszusammenfassung
Piktogramm Ort des Beginns des
Arbeitstages; Uhrzeit mit Land;
Kilometerstand Fahrzeug
Gesamtlenkzeit, zurückgelegte Weg-
strecke
Gesamte Arbeits- und Bereitschafts-
zeit
Gesamte Ruhezeit und unbekannte
Zeiten
Gesamtzeit 2-Fahrerbetrieb

**BLOCKBEZEICHNER für die letzten
fünf Ereignisse oder Störungen auf
der Karte**

Piktogramm „Lenken ohne geeignete
Karte" Anzahl ähnlicher Ereignisse an
diesem Tag

Handschriftliche Angaben
Ort der Kontrolle
Unterschrift des Kontrolleurs
Unterschrift des Fahrers

Tagesausdruck vom Fahrzeug

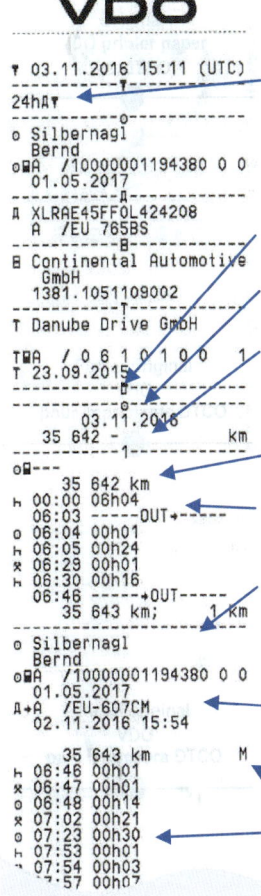

Art des Ausdrucks
Tagesausdruck Fahrertätigkeiten vom Fahrzeug

Beginn Auflistung aller Fahrertätigkeiten:
Kalendertag des Ausdrucks
Kilometerstand (wird um 00:00 Uhr und 24:00 Uhr täglich im Kontrollgerät gespeichert)
Tätigkeiten in Steckplatz 1 in chronologischer Reihenfolge
Kilometerstand beim Einstecken der Fahrerkarte
Tätigkeiten bei eingesteckter Karte
Piktogramm; Uhrzeit Beginn und Ende, Dauer
Entnahme der Fahrerkarte
Kilometerstand und zurückgelegte Wegstrecke seit dem letzten Einstecken, für das der Kilometerstand bekannt ist
Angaben zum Inhaber der gesteckten Fahrerkarte
„M" = eine manuelle Eingabe wurde durchgeführt
Tätigkeiten bei eingesteckter Karte
Piktogramm; Uhrzeit Beginn und Ende, Dauer
Tätigkeiten bei eingesteckter Karte

169

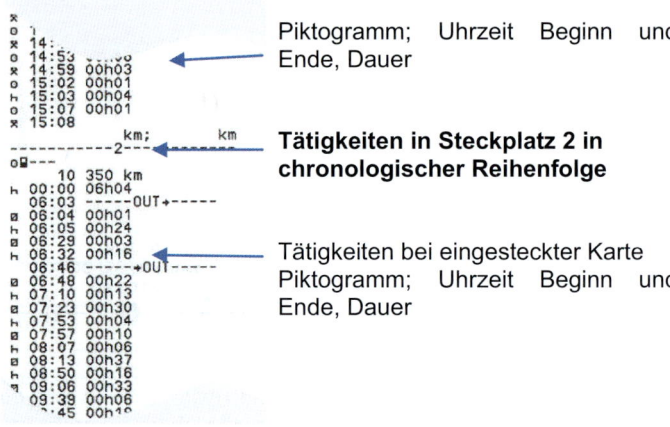

Piktogramm; Uhrzeit Beginn und Ende, Dauer

Tätigkeiten in Steckplatz 2 in chronologischer Reihenfolge

Tätigkeiten bei eingesteckter Karte
Piktogramm; Uhrzeit Beginn und Ende, Dauer

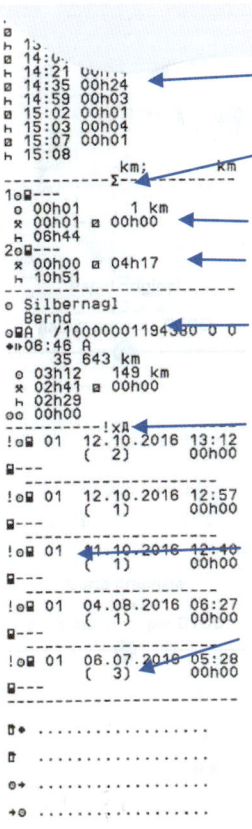

Tätigkeiten bei eingesteckter Karte
Piktogramm; Uhrzeit Beginn und
Ende, Dauer

Tageszusammenfassung

Zusammenfassung der Zeitabschnitte
ohne Karte im Steckplatz 1
Zusammenfassung der Zeitabschnitte
ohne Karte im Steckplatz 2
Tageszusammenfassung je Fahrer
(beide Steckplätze)

BLOCKBEZEICHNER für die letzten
fünf Ereignisse und Störungen der
Fahrzeugeinheit
Datensatz:
Piktogramm („Lenken ohne geeignete
Karte"),
Datensatzzweck, Datum /Zeit,
Anzahl ähnlicher Ereignisse an die-
sem Tag, Dauer,
Keine Fahrerkarte eingesteckt

171

Technischer Ausdruck

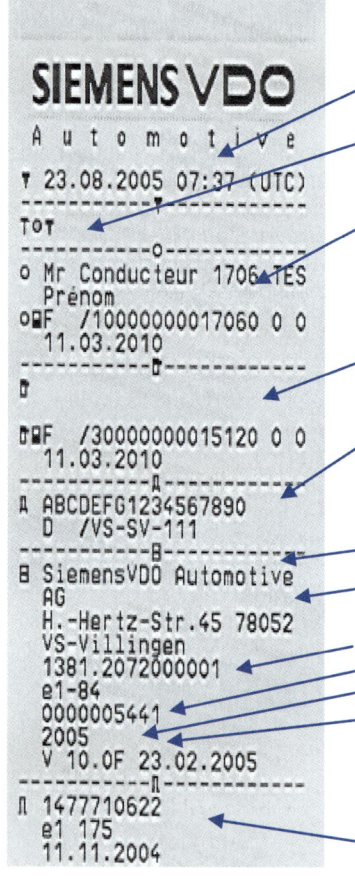

Der Aufbau:

Datum und Uhrzeit des Ausdrucks

Art des Ausdrucks: Ausdruck Technische Daten

Angaben zum Karteninhaber für in Steckplatz 1 eingelegte Karte, hier: Fahrerkarte

Angaben zum Karteninhaber für in Steckplatz 2 eingelegte Karte, hier: Kontrolleur

Fahrzeugkennung (Fahrzeug, von dem der Ausdruck erstellt wird)

Kontrollgerätekennung:
Name des Herstellers
Anschrift des Herstellers
Teilnummer
BauartgenehmigungsNr
Seriennummer
Baujahr
Version und Installationsdatum der Software

Kennnummer des KITAS (Sensor):
Seriennummer
BauartgenehmigungNr
Ersteinbaudatum

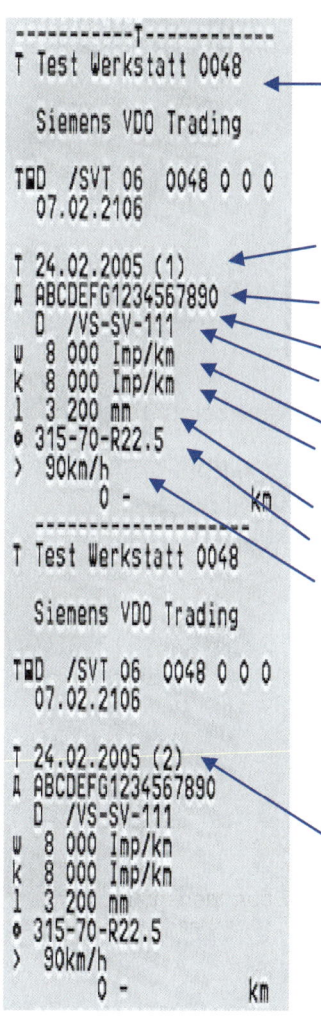

```
------------T-------------
T Test Werkstatt 0048

   Siemens VDO Trading

T⬛D /SVT 06  0048 0 0 0
    07.02.2106

T 24.02.2005 (1)
A ABCDEFG1234567890
   D /VS-SV-111
ω  8 000 Imp/km
k  8 000 Imp/km
l  3 200 mm
⊕ 315-70-R22.5
>  90km/h
         0 -          km
-------------------------
T Test Werkstatt 0048

   Siemens VDO Trading

T⬛D /SVT 06  0048 0 0 0
    07.02.2106

T 24.02.2005 (2)
A ABCDEFG1234567890
   D /VS-SV-111
ω  8 000 Imp/kn
k  8 000 Imp/kn
l  3 200 mm
⊕ 315-70-R22.5
>  90km/h
         0 -          km
```

Kalibrierungsdaten:
Werkstatt, die die Kalibrierung ausgeführt hat

Werkstattkartenkennung
Gültigkeit der Werkstattkarte

Datum und Zweck* der Kalibrierung
(**1 = Aktivierung der Fahrzeugeinheit**)
Fahrzeug ID Nr.
Zulassender Mitgliedstaat
und amtliches Kennzeichen
Wegdrehzahl des Fzg.
Konstante des Kontrollgerätes
Tatsächlicher Reifenumfang
Reifengröße
Einstellung des Geschwindigkeitsbegrenzers
Alter und neuer Kilometerstand

Kalibrierungszweck:
2 = Ersteinbau

Der Kalibrierungszweck ist ein numerischer Code zur Erläuterung, warum diese Kalibrierungsparameter aufgezeichnet wurden:
z.B.

1 = Aktivierung der Fahrzeugeinheit;

2 = Ersteinbau;

3 = Erste Kalibrierung im derzeitigen Fahrzeug;

4 = regelmäßige Nachprüfung;

5 = nachträglicher Eintrag des Kennzeichens durch den Unternehmer;

6 = Deaktivierung der IMS Funktion (zweites Geschwindigkeitssignal deaktiviert)

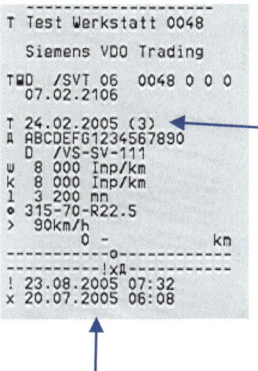

```
------------------------
T Test Werkstatt 0048

  Siemens VDO Trading

T D  /SVT 06  0048 0 0 0
   07.02.2106

T 24.02.2005 (3)
A ABCDEFG1234567890
  D  /VS-SV-111
w 8 000 Inp/km
k 8 000 Inp/km
l 3 200 mm
o 315-70-R22.5
> 90km/h
         0 -
                      km
------------o-----------
----------!x -----------
! 23.08.2005 07:32
x 20.07.2005 06:08
```

**Jüngste(s) im
Kontrollgerät
aufgezeichnete(s)
Ereignis und
Störung:**

Jüngstes Ereignis,
Datum und Uhrzeit

Jüngste Störung,
Datum und Uhrzeit

Neuer Kalibrierungsdatensatz

Kalibrierungszweck: 3 = Erste
Kalibrierung im derzeitigen
Fahrzeug
**Bei Neufahrzeugen müssen
bei Kontrollgeräte der Fa.
VDO die Kalibrierungsdaten-
sätze 1 bis 3 vorhanden sein.**

**Bei Geräten der Fa. Stoneri-
dge müssen bei Neufahrzeugen die Kalibrierungsdaten-
sätze 1 und 2 vorhanden sein.**

**Bei neuerlichen Überprüfun-
gen muss diese durch einen
Kalibrierungsdatensatz 4
eingetragen sein.**

**Kalibrierungsdatensatz 5 wird
bei nachträglichen Eintrag
des Kennzeichens durch den
Unternehmer erzeugt.**

**Kalibrierungsdatensatz 6 =
Deaktivierung der IMS Funktion (zweites Geschwindigkeitssignal deaktiviert);**

175

Technischer Ausdruck VDO Rel. 2.2 – diverse Schlussfolgerungen

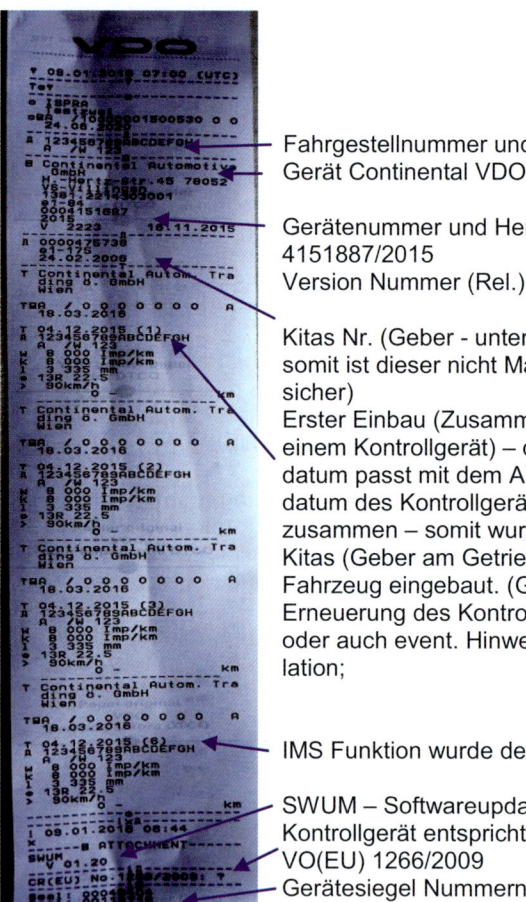

Fahrgestellnummer und Kennzeichen
Gerät Continental VDO

Gerätenummer und Herstellungsjahr
4151887/2015
Version Nummer (Rel.) 2.2

Kitas Nr. (Geber - unter 10.000.000
somit ist dieser nicht Manipulations-
sicher)
Erster Einbau (Zusammenschluss mit
einem Kontrollgerät) – dieses Einbau-
datum passt mit dem Aktivierungs-
datum des Kontrollgerätes nicht
zusammen – somit wurde ein älterer
Kitas (Geber am Getriebe) in das
Fahrzeug eingebaut. (Gründe –
Erneuerung des Kontrollgerätes
oder auch event. Hinweis auf Manipu-
lation;

IMS Funktion wurde deaktiviert

SWUM – Softwareupdate erfolgte
Kontrollgerät entspricht nicht der
VO(EU) 1266/2009
Gerätesiegel Nummern

Ausdruck Geschwindigkeitsüberschreitung

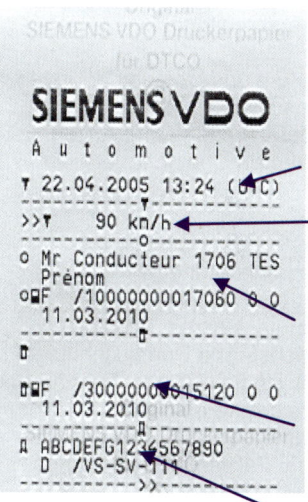

Datum und Uhrzeit des Ausdrucks
Art des Ausdrucks: Ausdruck

Geschwindigkeitsüberschreitung
mit Angabe „Einstellung des Ge-
schwindigkeits-begrenzers

Angaben zum Karteninhaber für in
Steckplatz 1 eingelegte Karte,
hier: Fahrerkarte

Angaben zum Karteninhaber für in
Steckplatz 2 eingelegte Karte,
hier: Kontrolleur

Fahrzeugkennung

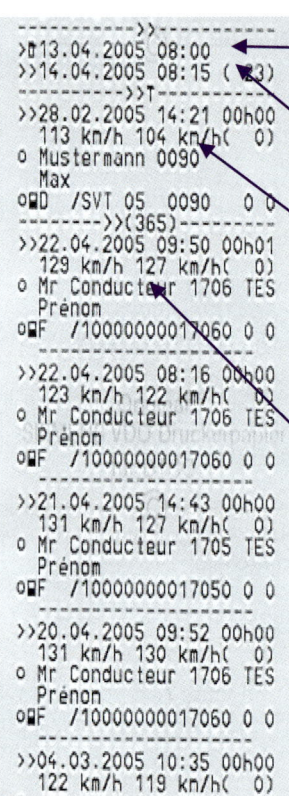

```
---------->>----------
>>▯13.04.2005 08:00
>>14.04.2005 08:15 ( 3)
--------->>T----------
>>28.02.2005 14:21 00h00
  113 km/h 104 km/h(  0)
o Mustermann 0090
  Max
o▯D /SVT 05  0090   0 0
-------->>(365)----------
>>22.04.2005 09:50 00h01
  129 km/h 127 km/h(  0)
o Mr Conducteur 1706 TES
  Prénom
o▯F /10000000017060 0 0
-----------------------
>>22.04.2005 08:16 00h00
  123 km/h 122 km/h(  0)
o Mr Conducteur 1706 TES
  Prénom
o▯F /10000000017060 0 0
-----------------------
>>21.04.2005 14:43 00h00
  131 km/h 127 km/h(  0)
o Mr Conducteur 1705 TES
  Prénom
o▯F /10000000017050 0 0
-----------------------
>>20.04.2005 09:52 00h00
  131 km/h 130 km/h(  0)
o Mr Conducteur 1706 TES
  Prénom
o▯F /10000000017060 0 0
-----------------------
>>04.03.2005 10:35 00h00
  122 km/h 119 km/h(  0)
o
```

Datum und Uhrzeit der letzten
Kontrolle „Geschwindigkeitsüberschreitung"

Datum und Uhrzeit der ersten
Geschwindigkeits-
überschreitung und Anzahl der
weiteren Überschreitungen
seitdem

Erste Geschwindigkeits-
überschreitung nach der
letzten Kalibrierung:
Datum, Uhrzeit, Dauer,
Höchst- und Durchschnittsge-
schwindigkeit, Anzahl ähnlicher
Ereignisse an diesem Tag,
Name und Vorname des Fah-
rers, Fahrerkartenkennung

**Die fünf schwersten
Geschwindigkeits-
überschreitungen** in den
letzten 365 Tagen
Fünf Datensätze mit oben
beschriebenen Einträgen

```
-------->>(10)----------
>>22.04.2005 09:50 00h01
   129 km/h 127 km/h( 12)
 o Mr Conducteur 1706 TES
   Prénom
 o■F /10000000017060 0 0
   --------------------
>>21.04.2005 14:43 00h00
   131 km/h 127 km/h( 9)
 o Mr Conducteur 1705 TES
   Prénom
 o■F /10000000017050 0 0
   --------------------
>>20.04.2005 09:52 00h00
   131 km/h 130 km/h( 1)
 o Mr Conducteur 1706 TES
   Prénom
 o■F /10000000017060 0 0
   --------------------
>>14.04.2005 08:15 00h01
   110 km/h 110 km/h( 1)
 o Mr Conducteur 1705 TES
   Prénom
 o■F /10000000017050 0 0
   --------------------
>>05.04.2005 14:11 00h01
   110 km/h 104 km/h( 2)
 o Mr Conducteur 1706 TES
   Prénom
 o■F /10000000017060 0 0
   --------------------
>>04.04.2005 09:26 00h00
   115 km/h 114 km/h( 3)
 o Mr Conducteur 1706 TES
   Prénom
 o■F /10000000017060 0 0
   --------------------
>>04.03.2005 10:35 00h00
   122 km/h 119 km/h( 3)
 o
   --------------------
>>02.03.2005 11:39 00h00
   106 km/h 102 km/h( 2)
 o Mustermann 0089
   Max
 o■D /SVT 05 0089  0 0
   --------------------
>>28.02.2005 14:21 00h00
   113 km/h 104 km/h( 2)
 o Mustermann 0090
   Max
 o■D /SVT 05 0090  0 0
   --------------------
```

Die **schwersten Geschwindigkeitsüberschreitungen der letzten 10 Tage** mit derartigen Ereignissen Datensätze mit den beschriebenen Einträgen

179

Fahrerkarte / Kontrollgerätekarten

Es gibt vier verschiedene Gerätekarten für das digitale EG-Kontrollgerät.

- Fahrerkarte
- Unternehmerkarte
- Kontrollkarte
- Werkstattkarte

Eine europaweite Abfrage über ausgegebene Kontrollgerätkarten ist beim BMVIT (Bundesministerium für Verkehr, Innovation und Technologie) bzw. TachoNet möglich.

Fahrerkarte

Die Fahrerkarte hat eine Gültigkeit von maximal 5 Jahren und ist mit einem Foto vom Inhaber versehen. Auch die Führerscheinnummer ist auf der Fahrerkarte eingetragen.

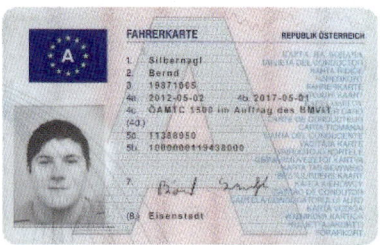

Die Karte kann nur ein Lenker erwerben, der im Besitz eines Führerscheines ist.

Die Fahrerkarte ist persönlich und jeder Fahrer darf im Besitz von nur einer Fahrerkarte sein.

Bei Beschädigung, Fehlfunktion, Verlust oder Diebstahl der Fahrerkarte müssen die Fahrer bei den zuständigen Behörden des Mitgliedstaats, in dem sie ihren gewöhnlichen Wohnsitz haben, binnen sieben Kalendertagen einen Antrag auf Ersetzung der Karten stellen.

Ist der Fahrer/die Fahrerin im Besitz einer Fahrerkarte, ist diese immer mitzuführen und im Rahmen von Kontrollen den zuständigen Personen auszuhändigen.

ACHTUNG
Wenn eine Fahrerkarte beschädigt ist, Fehlfunktionen aufweist oder sich nicht im Besitz des Fahrers befindet, hat der Fahrer:

a) zu Beginn seiner Fahrt die Angaben über das von ihm gelenkte Fahrzeug auszudrucken und in den Ausdruck:

   i) die Angaben, mit denen der Fahrer identifiziert werden kann (Name, Nummer der Fahrerkarte oder des Führerscheins), einzutragen und seine Unterschrift anzubringen;

   ii) die in Absatz 3 zweiter Gedankenstrich Buchstaben b, c und d genannten Zeiten einzutragen; (Lenkzeiten, andere Arbeiten, Bereitschaftszeit und Ruhezeit)

b) am Ende seiner Fahrt die Angaben über die vom Kontrollgerät aufgezeichneten Zeiten auszudrucken, die vom Fahrtenschreiber nicht erfassten Zeiten, in denen er seit dem Erstellen des Ausdrucks bei Fahrtantritt andere Arbeiten ausgeübt hat, Bereitschaft hatte oder eine Ruhepause eingelegt hat, zu vermerken und auf diesem Dokument die Angaben einzutragen, mit denen der Fahrer identifiziert werden kann (Name, Nummer der Fahrerkarte oder des Führerscheins) sowie seine Unterschrift anzubringen.

Auf der Rückseite der Papierrolle haben Sie die Möglichkeit, Ihre Aktivitäten handschriftlich **(2)** einzutragen und den Ausdruck mit persönlichen Angaben **(1)** zu vervollständigen.

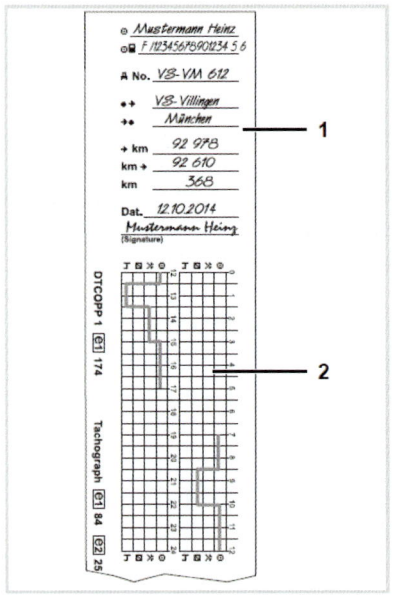

Handschriftliche Eintragungen der Aktivitäten

Unternehmerkarte

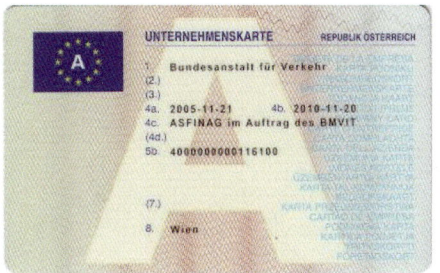

Unternehmen benötigen diese Karte, um eine Berechtigung zum Herunterladen der Daten vom digitalen EG-Kontrollgerät zu haben. Neben den Daten der Fahrerkarte eines Fahrers, sind auch Daten aus dem Kontrollgerät für die Speicherung im Unternehmen von Bedeutung. Der Unternehmer hat sich bei der Inbetriebnahme des Fahrzeuges in seinem Unternehmen mit der Unternehmerkarte im Kontrollgerät anzumelden. Bzw. bei Verkauf des Fahrzeuges hat er sich wieder abzumelden. Dabei werden die abgespeicherten Daten für andere Unternehmer gesperrt. Die Gültigkeitsdauer der Karte beträgt 5 Jahre.

Kontrollkarte

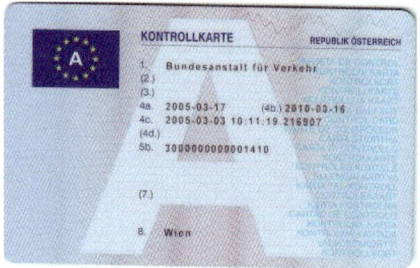

Eine Kontrollkarte wird nur an die Kontrollbehörden (Polizei, Arbeitsinspektorrat usw.) ausgegeben und ermöglicht das Ausdrucken und Herunterladen der im Massenspeicher des Kontrollgerätes oder auf der Fahrerkarte gespeicherten Daten.

Werkstattkarte

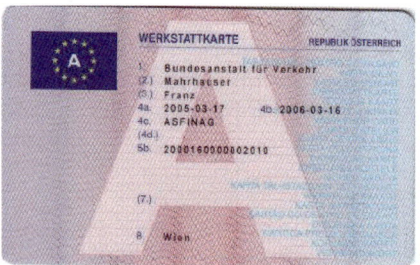

Die Werkstattkarte wird nur an autorisierte Werkstattmitarbeiter ausgegeben. Sie ist, wie die Fahrerkarte, personenbezogen. Damit dieser Karte insbesondere Eingaben, Veränderungen und Einstellungen im Gerät vorgenommen werden können, ist die Gültigkeitsdauer dieser speziellen Kontrollgerätkarte auf ein Jahr beschränkt.

Gemeinsame Hinweise zu allen Karten

Bei allen Kontrollgerätkarten lassen die letzten beiden Ziffern der Kartennummer darauf schließen, wie häufig eine Karte ersetzt bzw. neu ausgestellt worden ist.

In Verlust geratene Karten müssen sofort der ausstellenden Stelle gemeldet werden. Diese Stellen sorgen für eine Neuausfertigung.

Die verlorene oder entwendete Karte wird in einer Datenbank als verloren registriert. Europaweit kann von Kontrollorganen abgefragt werden, ob die aktuell vorgelegte Karte bei einer Unterwegs- oder Betriebskontrolle eine gültige oder beispielsweise eine als verloren gemeldete Karte ist.

Wiedergefundene Karten sind unverzüglich bei den ausgebenden Stellen abzugeben.

Auf den Fahrerkarten werden Ereignisse von mindestens 28 Tagen gespeichert. Ereignisse sind zu Anfang bereits erläutert worden.
Ereignisse sind immer – im Gegensatz zum Speicher der Fahrzeugeinheit (digitales EG-Kontrollgerät) – im Fahrzeug speziell einem Fahrer zugeordnet.
Alle Aktivitäten des Fahrpersonals (Lenk- und Ruhezeiten, Arbeitszeiten etc.) werden auf der Fahrerkarte gespeichert.

Kontrollgeräte

Überwachungsbehörden (Kontrollorgane) können die Daten der Fahrerkarten mit Kartenlesegeräten oder direkt vom EG-Kontrollgerät auslesen, herunterladen und sichern.

Weiters können Kontrollorgane die gespeicherten Daten auf Verstöße bezüglich Lenk- Ruhe- und Arbeitszeiten mittels geeigneter Software überprüfen

Das Unternehmen ist verpflichtet, diese Daten, herunterzuladen und auf einem geeigneten Medium zu sichern, sodass die Überwachungsbehörden bei Kontrollen Zugriff auf diese Daten haben.
Das Unternehmen hat die heruntergeladenen Daten hinsichtlich der Übertretungen der Lenk- und Ruhezeiten regelmäßig zu überprüfen und hat dafür zu sorgen, dass Fahrer hinsichtlich des ordnungsgemäßen Funktionierens des Fahrtenschreibers angemessen geschult und unterwiesen werden, unabhängig davon, ob dieser digital oder analog ist; es führt regelmäßige Überprüfungen durch, um sicherzustellen, dass seine Fahrer den Fahrtenschreiber ordnungsgemäß verwenden.

Herunterladen, Übertragen und Sichern der Daten

Aus dem digitalen Kontrollgerät:

- spätestens drei Monate nach dem letzten Herunterladen,
- im Falle eines Wechsels des Zulassungsbesitzers unmittelbar
  vor der Abmeldung des Fahrzeuges gemäß § 43 KFG,

- im Falle einer Aufhebung der Zulassung des Fahrzeuges
  gemäß § 44 KFG unmittelbar nachdem davon Kenntnis erlangt wird,
- unmittelbar vor oder nach der Überlassung des Fahrzeugs, wenn diese aufgrund der Vermietung des Fahrzeugs oder einem vergleichbaren Rechtsgeschäft erfolgt,
- unmittelbar vor einem Austausch des Kontrollgerätes,
- im Falle eines Defektes einer Fahrerkarte, sobald davon Kenntnis erlangt wird.

Von der Fahrerkarte:

- spätestens alle 28 Tage,
- unmittelbar vor dem Beginn und am Ende eines Beschäftigungsverhältnisses,
- unmittelbar vor Ablauf der Gültigkeit der Fahrerkarte.

Aufbewahrung der Daten
Arbeitgeber haben dafür zu sorgen, dass die vollständige, geordnete, inhaltsgleiche und authentische Wiedergabe der Daten jederzeit gewährleistet ist.
Arbeitgeber haben diese Daten auf ihre Kosten dem Arbeitsinspektorat in elektronischer Form und einschließlich jener Hilfsmittel zur Verfügung zu stellen, die notwendig sind, um die Daten lesbar zu machen.
Auf Verlangen ist auch ein Ausdruck dieser Daten vorzunehmen.

Sie müssen diese Daten ein Jahr lang gesichert aufbewahren. Im Sinne des Arbeitszeitgesetzes ist die Aufbewahrungsfrist 2 Jahre und wenn die Daten für Verrechnungen herangezogen werden beträgt die Frist 7 Jahre.

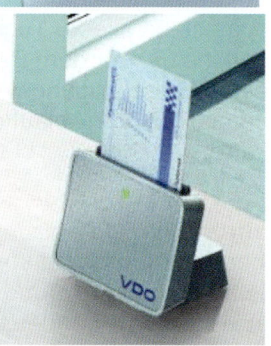

Typenschild Prüfzeichen / Einbauschild

Das Typenschild

Die Daten auf dem Typenschild beziehen sich ausschließlich auf das Gerät.

- Der Gerätehersteller
- Gerätenummer / Gerätetyp
- Europäisches Zulassungszeichen
- Der zugelassene Geschwindigkeitsbereich
- Baujahr
- Geschwindigkeitsmessbereich
- Bei elektronischer Übermittlung der Impulse vom Getriebe an das Kontrollgerät ist zusätzlich der K Wert einzutragen

Zum Abgleich der zu verwendenden Schaublätter in dem analogen Kontrollgerät ist das Typenschild ebenfalls heranzuziehen.

Abb.: Muster eines Typenschildes

Das Einbauschild

Das Einbauschild befindet sich im Kontrollgerät oder in dessen Nähe (bei digitalen Kontrollgeräten / Fahrtenschreibern auf der B-Säule)

Es gibt Hinweise zum Einbau und Prüfung des Gerätes in das jeweilige Fahrzeug.

Je nach Kontrollgerät müssen folgende Daten eingetragen werden:

→ Datum der Prüfung

→ Fahrzeugidentifizierungsnummer

→ Gerätenummer

→ Reifenumfang in mm

→ Wegimpulszahl

→ Zugelassene Werkstätte

→ V-Set

Abb.: Muster eines
Einbauschildes

Überprüfung des Kontrollgerätes gem. § 24 KFG bzw. VO (EU) 165/2014 Anhang 1B

KFG

Der Zulassungsbesitzer eines Kraftfahrzeuges, das mit einem Fahrtschreiber ausgerüstet sein muss, hat den Fahrtschreiber und dessen Antriebseinrichtung (Fahrtschreiberanlage) nach jedem Einbau und jeder Reparatur dieser Anlage und nach jeder Änderung der Wegdrehzahl oder des wirksamen Reifenumfangs des Kraftfahrzeuges, sonst mindestens einmal innerhalb von zwei Jahren seit der letzten Prüfung, prüfen zu lassen

Zusätzlich gilt für *digitale Kontrollgeräte*:

Regelmäßige Nachprüfungen der im Kraftfahrzeug eingebauten Ausrüstung erfolgen nach

- jeder Reparatur der Ausrüstung,
- jeder Änderung der Wegdrehzahl oder
- des tatsächlichen Reifenumfangs, wenn
- die UTC-Zeit von der korrekten Zeit um mehr als 20 Minuten abweicht oder
- wenn sich das amtliche Kennzeichen geändert hat, und
- mindestens einmal innerhalb von zwei Jahren (24 Monaten) seit der letzten Überprüfung. (VO (EG) 5360/2002)

1.4 Strafen

Der Europäische Gesetzgeber fordert hohe Strafen, insbesondere Geldstrafen, wenn die Vorschriften der Lenk-, Ruhe- und Arbeitszeiten sowie über den Einbau und Betrieb der Kontrollgeräte nicht eingehalten werden.

Festgeschrieben wurde diese Forderung in Artikel 19 Abs. 4 der VO (EG) Nr. 561/2006:

„Die Mitgliedstaaten stellen sicher, dass ein System verhältnismäßiger Sanktionen, die finanzielle Sanktionen umfassen können, für den Fall besteht, dass Unternehmen oder mit ihnen verbundene Verlader, Spediteure, Reiseveranstalter, Hauptauftragnehmer, Unterauftragnehmer und Fahrervermittlungsagenturen gegen die vorliegende Verordnung oder die Verordnung (EWG) Nr. 3821/85 *(VO(EU) 165/2014)* verstoßen."

In Österreich sind gemäß § 134 KFG Geldstrafen bis zu € 5.000.- vorgesehen.

Die Strafhöhe (Mindeststrafe) richtet sich nach den Vorgaben des Anhang III der RL 2006/ 22/EG in der Fassung der Richtlinie 2009/5/EG bzw. VO (EU) 2016/403 nach ihrer Schwere in vier Kategorien

- schwerste Verstöße   - MSI

- sehr schwere Verstöße   - VSI

- schwere Verstöße   - SI

- geringfügige Verstöße   - MI

Im Falle eines schweren Verstoßes nicht weniger als € 200.-
und im Falle eines sehr schweren Verstoßes nicht weniger als
€ 300.- und im Falle eines schwersten Verstoßes nicht weniger
als € 400.-

Einstufung der Strafen (Mängelkatalog)

Verstöße

Gemäß Artikel 9 Absatz 3 enthält die nachstehende Tabelle
Leitlinien für ein gemeinsames Spektrum von Verstößen gegen
die Verordnungen, welche gemäß ihrer Schwere in Kategorien
aufgeteilt sind.

Dabei gilt: Eintrag (X) in der Spalte „Einstufung"

MSI   =   schwerste Verstöße

VSI   =   Sehr schwerwiegender Verstoß

SI   =   Schwerwiegender Verstoß

MI   =   Geringfügiger Verstoß.

Verstöße gegen die VO (EG) Nr. 561/2006

Nr.	Rechtsgrundlage	Art des Verstoßes		M SI	V SI	SI	MI
A		**Fahrer**					
A1	Artikel 5 Abs. 1	Nichteinhaltung des Mindestalters der Fahrer				X	
B		**Lenkzeiten**					
B1	Artikel 6 Abs. 1	Überschreitung der täglichen Lenkzeit von 9 Std., sofern die Verlängerung auf 10 Std. nicht gestattet ist	9 h <...<10 h				X
B2			10 h ≤...<11 h			X	
B3			11 h ≤...		X		
B4		Überschreitung der täglichen Lenkzeit von 9 Std. um mindestens 50 % ohne Fahrtunterbrechung oder Ruhezeit von mindestens 4,5 Stunden	13,5 Std. ≤ ... und keine Fahrtunterbrechung/ Ruhezeit	X			
B5		Überschreitung der verlängerten täglichen Lenkzeit von 10 Std., sofern die Verlängerung gestattet ist	10 h <...<11 h				X
B6			11 h ≤...<12 h			X	
B7			12 h ≤...		X		
B8		Überschreitung der täglichen Lenkzeit von	15 Std. ≤ ...	X			

		10 Std. um mindestens 50 % ohne Fahrtunterbrechung oder Ruhezeit von mindestens 4,5 Stunden	und keine Fahrtunterbrechung/ Ruhezeit				
B9	Artikel 6 Abs. 2	Überschreitung der wöchentlichen Lenkzeit	56 h <...< 60 h				X
B10			60 h ≤...< 65 h			X	
B11			65 h ≤...< 70 h	X			
B12		Überschreitung der wöchentlichen Lenkzeit um mindestens 25 %	70 h ≤...	X			
B13	Artikel 6 Abs. 3	Überschreitung der summierten Gesamtlenkzeit während zweier aufeinander folgender Wochen	90 h <...< 100h				X
B14			100h ≤...<105h			X	
B15		Überschreitung der summierten Gesamtlenkzeit während zweier aufeinander folgender Wochen um mindestens 25 %	105h ≤...<112,5h		X		
B16		Überschreitung der maximalen Gesamtlenkzeit während zweier aufeinander folgender Wochen um mindestens 25 %	112,5h ≤...	X			
c		**Fahrtunterbrechungen**					
C1	Artikel 7	Überschreitung der ununterbrochenen Lenkzeit	4 h 30 <...< 5 h				X
C2			5 h ≤...< 6 h			X	
C3			6 h ≤...		X		

D		Ruhezeiten					
D1	Artikel 8 Absatz 2	Unzureichende tägliche Ruhezeit von weniger als 11 Std., sofern keine reduzierte tägliche Ruhezeit gestattet ist	10 h ≤ … < 11 h				X
D2			8,5 h ≤ … < 10 h			X	
D3			… < 8,5 h		X		
D4		Unzureichende reduzierte tägliche Ruhezeit von weniger als 9 Std., sofern die reduzierte Ruhezeit gestattet ist	8 h ≤ … < 9 h				X
D5			7 h ≤ … < 8 h			X	
D6			… < 7 h		X		
D7		Unzureichende aufgeteilte tägliche Ruhezeit von weniger als 3 Std. + 9 Std.	3 h + [8 h ≤ … < 9 h]				X
D8			3 h + [7 h ≤ … < 8 h]			X	
D9			3 h + [… < 7 h]		X		
D10	Artikel 8 Absatz 5	Unzureichende tägliche Ruhezeit von weniger als 9 Std. bei Mehrfahrerbetrieb	8 h ≤ … < 9 h				X
D11			7 h ≤ … < 8 h			X	
D12			… < 7 h		X		
D13	Artikel 8 Absatz 6	Unzureichende reduzierte wöchentliche Ruhezeit von weniger als 24 Std.	22 h ≤ … < 24 h				X
D14			20 h ≤ … < 22 h			X	
D15			… < 20 h		X		
D16		Unzureichende wöchentliche Ruhezeit von	42 h ≤ … < 45 h				X

	Artikel	Beschreibung						
D17		weniger als 45 Std., sofern keine reduzierte wöchentliche Ruhezeit gestattet ist	36 h ≤ ... < 42 h				X	
D18			... < 36 h			X		
D19	Artikel 8 Absatz 6	Überschreitung von sechs aufeinander-folgenden 24-Stunden-Zeiträumen nach der vorangegangenen wöchentlichen Ruhezeit	... < 3 h					X
D20			3 h ≤ ... < 12 h				X	
D21			12 h ≤ ...			X		
E		**12-Tage-Ausnahmeregelung**						
E1	Artikel 8 Absatz 6a	Überschreitung von zwölf aufeinander-folgenden 24-Stunden-Zeiträumen nach einer vorangegangenen regelmäßigen wöchentlichen Ruhezeit	... < 3 h					X
E2			3 h ≤ ... < 12 h				X	
E3			12 h ≤ ...			X		
E4	Artikel 8 Absatz 6a Buchstabe b Ziffer ii	Wöchentliche Ruhezeit nach zwölf aufei-nander-folgenden 24-Stunden-Zeiträumen	65 h < ... ≤ 67 h				X	
E5			... ≤ 65 h			X		
E6	Artikel 8 Absatz 6a Buchstabe d	Lenkdauer von mehr als 3 Std. zwischen 22.00 und 6.00 Uhr vor der Pause, sofern das Fahrzeug nicht mit mehreren Fahrern besetzt ist	3 Std. < ... < 4,5 Std.				X	
E7			4,5 Std. ≤ ...			X		
F		**Arbeitsorganisation**						
F1	Artikel 10 Absatz 1	Verknüpfung von Lohn und zurückgelegter Strecke bzw. Menge der beförderten Güter				X		

Verstöße gegen die VO (EU) Nr. 165/2014

Nr.	Rechtsgrundlage	Art des Verstoßes	Einstufung			
			M SI	V SI	SI	MI
F2	Artikel 10 Absatz 2	Keine oder mangelhafte Organisation der Arbeit des Fahrers, keine Anweisungen für den Fahrer, um ihm die Einhaltung der Rechtsvorschriften zu ermöglichen, oder fehlerhafte Anweisungen		X		
G		**Einbau des Fahrtenschreibers**				
G1	Artikel 3 Absatz 1 und Artikel 22 Absatz 2	Fehlen bzw. Nichtbenutzung eines typgenehmigten Fahrtenschreibers (z. B.: Fahrtenschreiber nicht von Einbaubetrieben, Werkstätten und Fahrzeugherstellern eingebaut, die von den zuständigen Behörden der Mitgliedstaaten dafür zugelassen sind, Verwendung eines Fahrtenschreibers, dem die erforderliche, von einem zugelassenen Einbaubetrieb, einer zugelassenen Werkstatt oder einem zugelassenen Fahrzeughersteller vorgenommene oder ersetzte Plombierung fehlt, oder Verwendung eines Fahrtenschreibers ohne Einbauplakette)	X			
H		**Benutzung von Fahrtenschreibern, Fahrerkarten oder Schaublättern**				
H1	Artikel 23 Absatz 1	Verwendung eines nicht durch eine zugelassene Werkstatt nachgeprüften Fahrtenschreibers		X		
H2	Artikel 27	Fahrer besitzt und/oder benutzt mehr als eine eigene Fahrerkarte	X			

H3		Verwendung einer gefälschten Fahrerkarte (*gilt als Fahren ohne Fahrerkarte*)	X
H4		Verwendung einer Fahrerkarte durch einen Fahrer, der nicht der Inhaber ist (*gilt als Fahren ohne Fahrerkarte*)	X
H5		Verwendung einer Fahrerkarte, die aufgrund falscher Erklärungen und/oder gefälschter Dokumente erwirkt wurde (*gilt als Fahren ohne Fahrerkarte*)	X
H6	Artikel 32 Absatz 1	Fahrtenschreiber funktioniert nicht ordnungsgemäß (*z. B.: Fahrtenschreiber nicht ordnungsgemäß nachgeprüft, kalibriert und verplombt*)	X
H7	Artikel 32 Absatz 1 und Artikel 33 Absatz 1	Fahrtenschreiber wird nicht ordnungsgemäß verwendet (*z. B.: absichtlicher, freiwilliger oder erzwungener Missbrauch, mangelnde Anweisungen zur richtigen Verwendung usw.*)	X
H8	Artikel 32 Absatz 3	Verwendung einer betrügerischen Vorrichtung, durch die die Aufzeichnungen des Fahrtenschreibers verändert werden können	X
H9		Verfälschung, Verschleierung, Unterdrückung oder Vernichtung der auf dem Schaublatt aufgezeichneten Daten oder der im Fahrtenschreiber und/oder auf der Fahrerkarte gespeicherten oder von diesen heruntergeladenen Daten	X
H10	Artikel 33 Absatz 2	Unternehmen bewahrt Schaublätter, Ausdrucke und heruntergeladene Daten nicht auf	X
H11		Aufgezeichnete und gespeicherte Daten sind nicht mindestens ein Jahr lang verfügbar	X

H12	Artikel 34 Absatz 1	Falsche Benutzung von Schaublättern/Fahrerkarten	X		
H13		Unerlaubte Entnahme von Schaublättern oder der Fahrerkarte, die sich auf die Aufzeichnung der einschlägigen Daten auswirkt	X		
H14		Schaublatt oder Fahrerkarte wurde über den Zeitraum, für den es/sie bestimmt ist, hinaus verwendet, mit Datenverlust	X		
H15	Artikel 34 Absatz 2	Benutzung angeschmutzter oder beschädigter Schaublätter oder Fahrerkarten, Daten nicht lesbar	X		
H16	Artikel 34 Absatz 3	Keine Eingabe von Hand, wenn vorgeschrieben	X		
H17	Artikel 34 Absatz 4	Verwendung eines falschen Schaublatts oder Fahrerkarte nicht im richtigen Steckplatz eingeschoben (Mehrfahrerbetrieb)		X	
H18	Artikel 34 Absatz 5	Falsche Betätigung der Schaltvorrichtung	X		
I		**Vorlegen von Angaben**			
I1	Artikel 36	Verweigerung der Kontrolle	X		
I2	Artikel 36	Aufzeichnungen für den laufenden Tag und die vorherigen 28 Tage können nicht vorgelegt werden	X		
I3		Aufzeichnungen der Fahrerkarte (falls der Fahrer Inhaber einer solchen Karte ist) können nicht vorgelegt werden	X		
I4	Artikel 36	Am Tag der Kontrolle und an den vorherigen 28 Tagen erstellte handschriftliche Aufzeichnungen und Ausdrucke können nicht vorgelegt	X		

		werden					
I5	Artikel 36	Fahrerkarte (falls der Fahrer Inhaber einer solchen Karte ist) kann nicht vorgelegt werden		X			
J		**Fehlfunktion**					
J1	Artikel 37 Absatz 1 und Artikel 22 Absatz 1	Reparatur des Fahrtenschreibers nicht von einem zugelassenen Einbaubetrieb oder einer zugelassenen Werkstatt durchgeführt		X			
J2	Artikel 37 Absatz 2	Fahrer vermerkt nicht alle vom Fahrtenschreiber während einer Betriebsstörung oder Fehlfunktion nicht mehr einwandfrei aufgezeichneten Angaben		X			

Dazu ein Auszug aus den Strafbestimmungen des Kraftfahrgesetz (§ 134 Abs. 1b KFG)

§ 134 Absatz 1b KFG

......

Die Verstöße gegen die Verordnungen (EG) Nr. 561/2006 und (EG) Nr. 165/2014 werden anhand des Anhanges III der Richtlinie 2006/22/EG, in der Fassung der Verordnung (EU) 2016/403, ABl. Nr. L 74 vom 19. März 2016, S 8, nach ihrer Schwere in vier Kategorien (schwerste Verstöße – sehr schwere Verstöße – schwere Verstöße – geringfügige Verstöße) aufgeteilt. Die Höhe der Geldstrafe ist nach der Schwere des Verstoßes zu bemessen und hat im Falle eines schweren Verstoßes nicht weniger als 200 Euro, im Falle eines sehr schweren Verstoßes nicht weniger als Euro und im Falle eines schwersten Verstoßes nicht weniger als 400 Euro zu betragen. Dies gilt auch für Verstöße gegen die Artikel 5 bis 8 und 10 des Europäischen Übereinkommens über die Arbeit des im internationalen Straßenverkehr beschäftigten Fahrpersonals (AETR), die ebenso nach Maßgabe des Anhanges III der Richtlinie 2006/22/EG einzuteilen sind. ......

2. Grundqualifikation und Weiterbildung der Berufskraftfahrer / Fahrerqualifizierung

Der Rat der Europäischen Gemeinschaft hat beschlossen, dass die Ausbildung der Lenker im Güterverkehr und in der Personenbeförderung mit Bussen in allen Mitgliedstaaten ein bestimmtes Mindestniveau erreichen soll.

Begründet wird dies damit, dass die europäischen Sozialvorschriften für das Fahrpersonal nur für sehr wenige Fahrer gelten und eine obligatorische Berufsausbildung von Berufskraftfahrern nur in einigen Mitgliedstaaten vorgesehen ist. Die Mehrheit der Berufskraftfahrer in der Gemeinschaft führt ihren Beruf bislang ausschließlich auf der Grundlage ihres Führerscheins aus.

Im Jahre 2003 hat die Europäische Union daher eine einheitliche Regel zur Qualifizierung der Lenker von Lkw und Bussen veröffentlicht.

Ziel der Vorschrift ist eine Verbesserung der Verkehrssicherheit sowie der Sicherheit der Lenkerinnen und Lenker. Der Rat erhofft sich durch die verpflichtende Qualifizierung die Entwicklung eines defensiven Fahrstils sowie eines rationellen Kraftstoffverbrauches. Zu diesem Zweck ist zusätzlich zur Führerscheinausbildung ein geeigneter Qualifikationsnachweis (Grundqualifizierung) zu erbringen.

Um auch die Qualifikation von Berufskraftfahrern, die ihren Beruf bereits ausüben, auf dem neuesten Stand zu halten, wird für diese Lenker eine regelmäßige Auffrischung der für die Ausübung des Berufs wesentlichen Kenntnisse vorgeschrieben.

Grundqualifikation und Weiterbildung
der Berufskraftfahrer / Fahrerqualifizierung

In Österreich erfolgte die Umsetzung durch die Grundqualifikations- und Weiterbildungsverordnung – Berufskraftfahrer - GWB.

Richtlinie 2003/59/EG

Über die Grundqualifikation und Weiterbildung der Fahrer bestimmter Kraftfahrzeuge für den Güter- oder Personenverkehr

Güterbeförderungsgesetz 1995 – GütbefG,
(§ 19 Abs. 5, § 19a Abs. 3 und § 19b Abs. 3)

Gelegenheitsverkehrs-Gesetz 1996 – GelverkG 1996
(§ 14a Abs. 5, § 14b Abs. 3 und § 14c Abs. 3)

Kraftfahrliniengesetz – KflG
(§ 44a Abs. 5, § 44b Abs. 3 und § 44c Abs. 3)

Grundqualifikations- und Weiterbildungsverordnung – Berufskraftfahrer – GWB

HINWEIS: *Rechtsgrundlagen zur Berufskraftfahrer-qualifikation. Der aktuelle Gesetzestext ist unter http://www.ris.bka.gv.at/ abzurufen.*

Die Qualifikation der Lenker erfolgt durch ein System aus Grundprüfungen (Grundqualifikation) und Weiterbildungsschulungen.

Die Pflicht zur Teilnahme an Grundqualifikationsprüfungen und Weiterbildungsschulungen besteht grundsätzlich für **selbstständige** und **angestellte** Lenkerinnen und Lenker, die

→ österreichische Staatsangehörige sind,

→ Staatsangehörige eines anderen Mitgliedstaates der Europäischen Union oder eines anderen Vertragsstaates des Abkommens über den Europäischen Wirtschaftsraum sind oder

→ Staatsangehörige eines Drittstaates sind und in einem Unternehmen mit Sitz in einem Mitgliedstaat der Europäischen Union oder Vertragsstaat des Abkommens über den Europäischen Wirtschaftsraum beschäftigt oder eingesetzt werden,

und **Fahrten zu gewerblichen Zwecken** (dies umfasst auch den Werkverkehr) auf öffentlichen Straßen mit folgenden Kraftfahrzeugen durchführen:

● Kraftfahrzeuge mit einer zulässigen Gesamtmasse größer als 3,5 Tonnen im Güterverkehr / Werkverkehr

  (Lenkberechtigung der Klassen C1, C1E, C, CE),

● Kraftfahrzeuge mit mehr als 8 Fahrgastplätzen im Personenverkehr
  (Lenkberechtigung der Klassen D1, D1E, D, DE).

Ausgenommen von dieser Regelung sind Fahrten mit Kraftfahrzeugen,

● deren nach den kraftfahrrechtlichen Bestimmungen zulässige Höchstgeschwindigkeit nicht über 45 km/h liegt,

● die von den Streitkräften, dem Katastrophenschutz, der Feuerwehr und den für die Aufrechterhaltung der öffentlichen Ordnung zuständigen Kräften eingesetzt werden oder ihrer Kontrolle unterstellt sind,

Grundqualifikation und Weiterbildung
der Berufskraftfahrer / Fahrerqualifizierung

- die zum Zweck der technischen Entwicklung, zu Reparatur- oder Wartungszwecken Prüfungen auf der Straße unterzogen werden, sowie Neufahrzeugen oder umgebauten Fahrzeugen, die noch nicht in Betrieb genommen sind,

- die in Notfällen oder für Rettungsaufgaben eingesetzt werden,

- die beim Fahrunterricht zum Erwerb einer Lenkberechtigung oder der Grundqualifikation eingesetzt werden,

- zur Beförderung von Material oder Ausrüstung, das der Lenker zur Ausübung seines Berufs verwendet, sofern es sich beim Lenken des Fahrzeugs nicht um die Hauptbeschäftigung des Fahrers handelt;

Grundqualifikation und Weiterbildung der Berufskraftfahrer / Fahrerqualifizierung

Qualifizierungsmöglichkeiten

Der Führerscheinerwerb (Lenkberechtigung) ab dem 10. September 2008 (Bus) bzw. 10. September 2009 (Lkw) führt zur Verpflichtung, die Grundqualifikation nachzuweisen. Es bieten sich hier verschiedene gesetzlich vorgesehene Nachweisarten an.

Grundqualifikation

Der Nachweis der **Grundqualifikation** kann auf zwei Wegen erbracht werden:

1. Es wird eine Berufsausbildung zum Berufskraftfahrer erfolgreich abgeschlossen bzw. ein staatlich anerkannter Ausbildungsberuf, in dem vergleichbare Fertigkeiten und Kenntnisse zur Durchführung von Fahrten mit Kraftfahrzeugen auf öffentlichen Straßen vermittelt werden.

2. Es wird erfolgreich eine Prüfung beim Amt der Landesregierung abgelegt. Die theoretische Prüfung hat mindestens vier Stunden und 30 Minuten zu dauern und aus folgenden Teilen zu bestehen:
   a) Multiple-Choice-Fragen,
   b) einer Erörterung von Praxissituationen und
   c) einem mündlichen Prüfungsteil - dieser Teil hat mindestens 30 Minuten zu dauern.
   Die praktische Fahrprüfung hat mindestens 90 Minuten zu dauern.

Zur Ablegung der Prüfung ist die Teilnahme an einem Vorbereitungsunterricht **_nicht_** vorgeschrieben.

Grundqualifikation und Weiterbildung
der Berufskraftfahrer / Fahrerqualifizierung

> **Erforderlich für die**
> **Zulassung zur Grundqualifikationsprüfung**
> **ist der Besitz der jeweiligen Lenkberechtigung.**

Im Einzelnen sind die Prüfungsabläufe / Prüfungstermine jeweils beim Amt der Landesregierung (Landeshauptmann) festgelegt. Informationen über Art, Umfang, Dauer, Ort und Zeitpunkt solcher Prüfungen erhalten Sie dort.

Der Landeshauptmann hat in jedem Jahr mindestens vier Termine für die Abhaltung der Prüfungen über die Grundqualifikation festzulegen.

Die Anmeldung zur Prüfung hat der Prüfungswerber spätestens sechs Wochen vor dem festgelegten Prüfungstermin schriftlich beim Landeshauptmann einzubringen.

Pflicht zur Weiterbildung

Alle Fahrzeuglenker haben dann im Abstand von 5 Jahren die Teilnahme an einer Weiterbildungsschulung nachzuweisen.
Jeweils innerhalb von **fünf Jahren** im Anschluss an den Erwerb der Grundqualifikation bzw. nach dem jeweiligen Stichtag (9. September 2008 für Lenker von Bussen bzw. 9. September 2009 für Lenker von LKW) müssen die Kenntnisse durch Teilnahme an einer **Weiterbildungsschulung** aufgefrischt werden.

Die Weiterbildung erfolgt in Lehrgängen mit 35 Unterrichtseinheiten. Diese 35 Pflichtstunden können auf einzelne "Blöcke" aufgeteilt werden und müssen nicht in einem Stück hintereinander absolviert werden. Allerdings muss ein „Einzelblock" mindestens 7 Stunden umfassen. Die Blöcke dürfen dann aber durchaus auf mehrere Jahre verteilt werden. Dementsprechend kann die Teilnahme an einzelnen „Weiterbildungsblöcken" dann durch Teilbescheinigungen nachgewiesen werden. Für den Fall, dass ein Lenker oder eine Lenkerin das Unternehmen wechselt, werden die bereits absolvierten Weiterbildungsmaßnahmen/-zeiten angerechnet. Die Weiterbildungseinrichtungen werden hier unterschiedliche Angebote entwickeln, die den Anforderungen der einzelnen Lenker/innen bzw. den Unternehmen angepasst werden.

Dokumentation der Nachweise

Für alle, die ihre Lenkberechtigung nach den Stichtagen neu erwerben, gilt, dass sie über die Eintragung einer besonderen **Schlüsselzahl / Code (95) in Spalte 12 des Führerscheins** dokumentieren müssen[1], dass sie eine Qualifikation zum Einsatz im gewerblichen Personen- oder Güterkraftverkehr erworben haben.

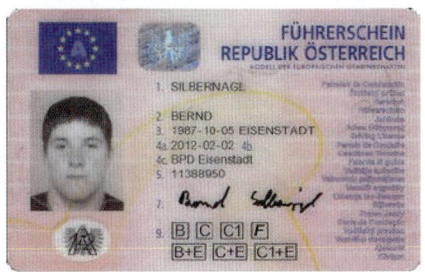

---

[1] Fahrer aus Drittstaaten haben den Qualifikationsnachweis über die EU-Fahrerbescheinigung zu führen.

Grundqualifikation und Weiterbildung
der Berufskraftfahrer / Fahrerqualifizierung

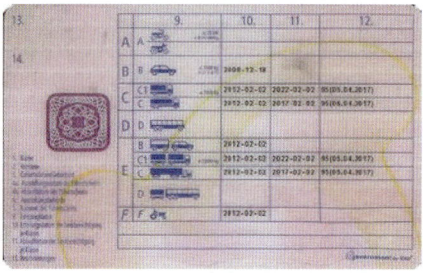

Abbildung: *Führerschein mit Eintrag der*
Schlüsselzahl / Code „95"

Dieser Eintrag erfolgt durch die Führerscheinausstellungs-
behörde aufgrund der Vorlage eines Ausbildungsnachweises
bzw. eines Prüfungsnachweises des Amt der Landesregierung
(Landeshauptmann) über die Grundqualifikationsprüfung.
Die Kennzahl wird durch einen Fristeintrag begrenzt. Innerhalb
dieser Frist muss eine 35-stündige Weiterbildungsschulung absolviert werden. Über die erbrachten Ausbildungseinheiten stellt
die Ausbildungsstätte entsprechende Bescheinigungen aus.
Diese Nachweise können die Teilnahme an allen
35 Unterrichtseinheiten bescheinigen oder auch nur über er-
brachte Teilleistungen im Rahmen von Zeiteinheiten zu jeweils
mindestens 7 Stunden. Im letzteren Fall liegt es dann beim Fahrer, die notwendige Menge an Bescheinigungen zu sammeln,
damit insgesamt 35 Stunden zusammenkommen.

Der Nachweis bzw. die Sammlung der Teilnachweise muss der
Führerscheinbehörde bei der jeweils anstehenden Verlängerung
der Lenkberechtigung vorgelegt werden. Im Rahmen der Verlängerung der Lenkberechtigung erfolgt wieder dann ein befris-
teter Eintrag der Kennzahl 95 in die Spalte 12 des Führerscheines zu den einzelnen Führerscheinklassen.

Für Lenker, die im Besitz eines nicht in Österreich ausgestellten Führerscheines sind, wird es künftig eine eigene Karte (Fahrerqualifizierungsausweis) geben. Die Eintragung einer in Österreich durchgeführten Weiterbildung in einen ausländischen Führerschein bzw. die Ausstellung einer ausländischen Fahrerqualifizierungskarte ist Aufgrund nationaler einzelstaatlicher Vorschriften nicht möglich.

3. Pflichten des Kraftfahrzeuglenkers

In zahlreichen verkehrsrechtlichen Bestimmungen finden sich Verpflichtungen an den Fahrzeuglenker.

Kraftfahrgesetz

Im Kraftfahrgesetz (KFG) sind die wichtigsten Pflichten des Kraftfahrzeuglenkers im § 102 verankert.

Zumutbare Kontrolle vor Inbetriebnahme
Verständigungspflicht für Berufskraftfahrer

Der Kraftfahrzeuglenker darf ein Kraftfahrzeug erst in Betrieb nehmen, wenn er sich, soweit dies zumutbar ist, davon überzeugt hat, dass das von ihm zu lenkende Kraftfahrzeug und ein mit diesem zu ziehender Anhänger sowie deren Beladung den hiefür in Betracht kommenden Vorschriften entsprechen; die Überprüfung der Wirksamkeit der Vorrichtungen zum Abgeben von akustischen Warnzeichen darf jedoch nur erfolgen, sofern nicht ein Verbot gemäß § 43 Abs. 2 lit. a StVO 1960 besteht. <u>Berufskraftfahrer</u> haben bei Lastkraftwagen, Sattelzugfahrzeugen, Omnibussen oder Anhängern <u>unverzüglich den Zulassungsbesitzer nachweisbar zu verständigen</u>, wenn das Fahrzeug diesen Vorschriften nicht entspricht.
(§ 102 Abs. 1 KFG)

Die Überprüfung vor Inbetriebnahme ist unbedingt in das Kontrollgerät als „sonstige Arbeit" einzugeben.

Lenkerplatz, Kennzeichentafeln, Alarmblinkanlage

Der Lenker hat den Lenkerplatz in bestimmungsgemäßer Weise einzunehmen. Er hat dafür zu sorgen, dass die Sicht vom Lenkerplatz aus für das sichere Lenken des Fahrzeuges ausreicht und dass die Kennzeichen des von ihm gelenkten Kraftfahrzeuges und eines mit diesem gezogenen Anhängers vollständig sichtbar sind und nicht durch Verschmutzung, Schneebelag, Beschädigung oder Verformung der Kennzeichentafel unlesbar sind. Er hat dafür zu sorgen, dass während der Dämmerung, bei Dunkelheit oder wenn es die Witterung sonst erfordert, die hintere oder die gemäß § 49 Abs. 6 seitlich angebrachten Kennzeichentafeln beleuchtet sind; dies gilt jedoch nicht bei stillstehendem Fahrzeug, wenn die Straßenbeleuchtung zum Ablesen des Kennzeichens ausreicht, und bei Einsatzübungsfahrten mit Heeresfahrzeugen (§ 99 Abs. 1). Der Lenker darf Alarmblinkanlagen (§ 19 Abs. 1a) nur einschalten

1. bei stillstehenden Fahrzeugen zur Warnung bei Pannen, zum Schutz ein- oder aussteigender Schüler bei Schülertransporten oder zum Schutz auf- und absitzender Mannschaften bei Mannschaftstransporten,

2. zum Abgeben von optischen Notsignalen zum Schutz der persönlichen Sicherheit des Lenkers eines Platzkraftwagens (Taxi-Fahrzeuges),

3. ansonsten, wenn der Lenker andere durch sein Fahrzeug gefährdet oder andere vor Gefahren warnen will.

(§ 102 Abs. 2 KFG)

Handhabung, Festhalten der Lenkvorrichtung, Telefonieren während der Fahrt

Der Lenker muss die Handhabung und Wirksamkeit der Betätigungsvorrichtung des von ihm gelenkten Kraftfahrzeuges kennen. Ist er mit ihrer Handhabung und Wirksamkeit noch nicht vertraut, so darf er das Fahrzeug nur mit besonderer Vorsicht lenken. Er muss die Lenkvorrichtung während des Fahrens mit mindestens einer Hand festhalten und muss beim Lenken Auflagen, unter denen ihm die Lenkerberechtigung erteilt wurde, erfüllen. Er hat sich im Verkehr der Eigenart des Kraftfahrzeuges entsprechend zu verhalten. Während des Fahrens ist dem Lenker das Telefonieren ohne Benützung einer Freisprecheinrichtung verboten. Der Bundesminister für Verkehr, Innovation und Technologie hat unter Bedachtnahme auf die Verkehrssicherheit und den Stand der Technik durch Verordnung die näheren Vorschriften bezüglich der Anforderungen für Freisprecheinrichtungen festzulegen. Freisprecheinrichtungen müssen den Anforderungen der Produktsicherheitsbestimmungen für Freisprecheinrichtungen entsprechen.
(§ 102 Abs. 3 KFG)

Lärm, Rauch, übler Geruch, Luftverunreinigung

Der Lenker darf mit dem von ihm gelenkten Kraftfahrzeug und einem mit diesem gezogenen Anhänger nicht ungebührlichen Lärm, ferner nicht mehr Rauch, üblen Geruch oder schädliche Luftverunreinigungen verursachen, als bei ordnungsgemäßem Zustand und sachgemäßem Betrieb des Fahrzeuges unvermeidbar ist. Beim Anhalten in einem Tunnel ist der Fahrzeugmotor, sofern mit diesem nicht auch andere Maschinen betrieben werden, unverzüglich

abzustellen. "Warmlaufenlassen" des Motors stellt jedenfalls eine vermeidbare Luftverunreinigung dar.
(§ 102 Abs. 4 KFG)

Mitführen und Aushändigen von Papieren

Der Lenker hat auf Fahrten mitzuführen und den Organen
des öffentlichen Sicherheitsdienstes oder der Straßenaufsicht auf Verlangen zur Überprüfung auszuhändigen

a) (Bestimmung aufgehoben – früher Führerschein, Mitführverpflichtung nunmehr im Führerscheingesetz)

b) den Zulassungsschein oder Heereszulassungsschein
für das von ihm gelenkte Kraftfahrzeug und einen mit
diesem gezogenen Anhänger sowie die bei der Genehmigung oder Zulassung vorgeschriebenen Bei-
blätter zum Zulassungsschein

c) bei Probefahrten den Probefahrtschein (§ 45 Abs. 4)
und auf Freilandstraßen (§ 2 Abs. 1 Z 16 der StVO
1960) und an Sonn- und Feiertagen die Bescheinigung über das Ziel und den Zweck der Probefahrt
(§ 45 Abs. 6), bei Betrieben, die außerhalb des Orts-
gebietes (§ 2 Abs. 1 Z 15 der StVO 1960) liegen,
muss diese Bescheinigung nur an Sonn- und Feiertagen mitgeführt werden, bei Probefahrten gemäß
§ 45 Abs. 1 Z 4 die Bescheinigung über die Probefahrt, aus der der Zeitpunkt des Beginnes und des
Endes der Probefahrt ersichtlich sind

d) bei Überstellungsfahrten den Überstellungsfahrtschein
gemäß § 46 Abs. 4

e) Bescheide über kraftfahrrechtliche Bewilligungen, die
zur Verwendung des Fahrzeuges auf Straßen mit

öffentlichem Verkehr erforderlich sind (§ 101 Abs. 5, § 104 Abs. 5 lit. d, Abs. 7 und 9)

f)   das gemäß § 17 Arbeitszeitgesetz vorgeschriebene persönliche Fahrtenbuch

g)   auf Grund gewerberechtlicher Vorschriften für die Durchführung von Beförderungen oder von Leerfahrten erforderliche Dokumente

h)   bei Transporten im Vor- und Nachlaufverkehr Beförderungs- und Begleitpapiere, aus denen sich die zu wählende Route und die Eisenbahnbenutzung ergibt.

Achtung mit Einführung der technischen Unterwegskontrolle sind sämtliche Fahrzeug-bezogene Überprüfungsgutachten *(z.B. „Pickerl-gutachten")* unbedingt mitzuführen und dem Kontrollorgan auszuhändigen.

Verlustanzeige

Im Falle der Anzeige des Verlustes eines oder mehrerer der in den oben unter lit. b bis g angeführten Dokumente hat die Behörde oder die nächste Dienststelle des öffentlichen Sicherheitsdienstes, bei der der Besitzer des in Verlust geratenen Dokumentes dies beantragt, diesem eine Bestätigung über die Verlustanzeige auszustellen. Die Bestätigung über die Verlustanzeige ersetzt die in den lit. b bis e angeführten Dokumente bis zur Ausstellung des neuen Dokumentes, jedoch nicht länger als eine Woche, gerechnet vom Tage des Verlustes.

Ausnahme von der Mitführverpflichtung

Lenker von Zugmaschinen, Motorkarren oder selbstfahrenden Arbeitsmaschinen müssen die in den oben unter lit. b bis g angeführten Dokumente auf Fahrten im Um-

kreis von nicht mehr als 10 km vom dauernden Standort des Fahrzeuges nicht mitführen.
(§ 102 Abs. 5 KFG)

Abstellen des Fahrzeugmotors, Sichern des Fahrzeugs

Entfernt sich der Lenker so weit oder so lange von seinem Kraftfahrzeug, daß er es nicht mehr überwachen kann, so hat er den Fahrzeugmotor, sofern mit diesem nicht auch andere Maschinen betrieben werden, abzustellen und dafür zu sorgen, dass das Fahrzeug von Unbefugten nur durch Überwindung eines beträchtlichen Hindernisses in Betrieb genommen werden kann.
(§ 102 Abs. 6 KFG)

Meldung von Unfällen an den Zulassungsbesitzer

Ein Lenker, der nicht selbst der Zulassungsbesitzer des von ihm gelenkten Kraftfahrzeuges oder eines mit diesem gezogenen Anhängers ist, hat Unfälle, die mit der Benützung dieser Fahrzeuge in ursächlichem Zusammenhang stehen, unverzüglich ihrem Zulassungsbesitzer bekanntzugeben.
(§ 102 Abs. 7 KFG)

Überlassen von Fahrzeugen an Dritte

Der Lenker darf das Lenken eines ihm übergebenen Kraftfahrzeuges ohne Zustimmung des Zulassungsbesitzers nicht dritten Personen überlassen.
(§ 102 Abs. 8 KFG)

Winterreifen

Der Lenker darf ein Kraftfahrzeug der Klassen

1. N2 und N3 sowie ein von solchen Fahrzeugen abgeleitetes Kraftfahrzeug während des Zeitraumes von jeweils 1. November bis 15. April oder

2. M2 und M3 sowie ein von solchen Fahrzeugen abgeleitetes Kraftfahrzeug von jeweils 1. November bis 15. März

nur verwenden, wenn zumindest an den Rädern einer Antriebsachse Winterreifen (für die Verwendung als Schnee- und Matschreifen bestimmte Reifen mit entsprechender Profiltiefe) angebracht sind. Dies gilt nicht für Fahrzeuge, bei denen bauartbedingt oder aufgrund ihres Verwendungszwecks Reifen mit der Verwendungsbestimmung „spezial" angebracht sind. Fahrzeuge des öffentlichen Sicherheitsdienstes, Heeresfahrzeuge und Feuerwehrfahrzeuge, bei denen bauartbedingt oder wegen ihres überwiegenden Verwendungszwecks die Anbringung von Winterreifen nicht möglich oder nicht zweckmäßig ist und Fahrzeuge, mit denen Probe- oder Überstellungsfahrten durchgeführt werden, sind von dieser Verpflichtung ausgenommen.

Weiters darf der Lenker eines Kraftfahrzeuges der Klasse M1 oder N1 während des in Z1 genannten Zeitraumes bei winterlichen Fahrbahnverhältnissen wie insbesondere Schneefahrbahn, Schneematsch oder Eis, dieses Fahrzeug nur in Betrieb nehmen, wenn an allen Rädern Winterreifen (für die Verwendung als Schnee- und Matschreifen oder als Schnee-, Matsch- und Eisreifen bestimmte Reifen mit entsprechender Profiltiefe) oder, wenn die Fahrbahn mit einer zusammenhängenden oder nicht nennenswert unterbrochenen Schnee- oder Eisschicht be-

deckt ist, Schneeketten auf mindestens zwei Antriebs-rädern angebracht sind.
(§ 102 Abs. 8 KFG)

Anmerkung: – Fahrzeugklassen

M1 → Personenkraftwagen und Kombinationskraft-wagen

M2 → Fahrzeuge (Omnibusse) für Personenbeförderung mit mehr als acht Sitzplätzen außer dem Fahrer-sitz und einer zulässigen Gesamtmasse von nicht mehr als 5 000 kg

M3 → Fahrzeuge (Omnibusse) für Personenbeförderung mit mehr als acht Sitzplätzen außer dem Fahrer-sitz und einer zulässigen Gesamtmasse von mehr als 5 000 kg

N1 → Fahrzeuge für Güterbeförderung mit einer zulässi-gen Gesamtmasse von nicht mehr als 3 500 kg

N2 → Fahrzeuge für Güterbeförderung mit einer zulässi-gen Gesamtmasse von mehr als 3 500 kg und nicht mehr als 12 000 kg

N3 → Fahrzeuge für Güterbeförderung mit einer zulässi-gen Gesamtmasse von mehr als 12 000 kg

Schneeketten

Der Lenker darf Schneeketten und dergleichen (§ 7 Abs. 2) nur dann verwenden, wenn dies erforderlich ist, und nur, wenn sie so befestigt sind, dass sie die Oberfläche der Fahrbahn nicht beschädigen können. Der Lenker eines Kraftfahrzeuges der Klassen M2, M3, N2 und N3 sowie eines von solchen Fahrzeugen abgeleiteten Kraftfahrzeu-ges hat während des Zeitraumes von jeweils 1. November bis 15. April geeignete Schneeketten für mindestens zwei Antriebsräder mitzuführen. Dies gilt nicht für Fahrzeuge

1. bei denen bauartbedingt eine Montage von Schneeketten nicht möglich ist

2. die aufgrund ihrer Bauweise bestimmungsgemäß nur auf schneefreien Straßen eingesetzt werden

3. der Klassen M2 und M3, die im Kraftfahrlinienverkehr eingesetzt werden

(§ 102 Abs. 9 KFG)

Verbandszeug, Pannendreieck, Warnweste, Unterlegkeil

Der Lenker hat auf Fahrten Verbandszeug, das zur Wundversorgung geeignet und in einem widerstandsfähigen Behälter staubdicht verpackt und gegen Verschmutzung geschützt ist, sowie bei mehrspurigen Kraftfahrzeugen eine geeignete Warneinrichtung und eine geeignete, der ÖNORM EN 471 entsprechende Warnkleidung mit weiß retroreflektierenden Streifen mitzuführen. Der Lenker hat diese Warnkleidung im Falle des § 89 Abs. 2 StVO 1960 beim Aufstellen der Warneinrichtung oder im Falle des § 46 Abs. 3 StVO 1960, wenn er sich auf einer Autobahn oder Autostraße außerhalb des Fahrzeuges aufhält, in bestimmungsgemäßer Weise zu tragen. Der Lenker hat bei Kraftfahrzeugen mit einem höchsten zulässigen Gesamtgewicht von mehr als 3 500 kg, ausgenommen Fahrzeuge der Klasse M1 und bei anderen als leichten Anhängern, pro Fahrzeug jeweils mindestens einen Unterlegkeil mitzuführen.

(§ 102 Abs. 10 KFG)

Reflektierende Warntafeln

Ab 1. Jänner 1996 hat der Lenker eines

1. Lastkraftwagens
2. Sattelzugfahrzeuges
3. Spezialkraftwagens, ausgenommen Wohnmobile
4. Sonderkraftfahrzeuges, oder
5. einer selbstfahrenden Arbeitsmaschine mit einer Bauartgeschwindigkeit von mehr als 60 km/h, jeweils mit einem höchsten zulässigen Gesamtgewicht von mehr als 3 500 kg

dafür zu sorgen, dass an der Rückseite des Fahrzeuges eine von hinten sichtbare gelbe reflektierende Warntafel mit rotem, fluoreszierenden Rand annähernd lotrecht und senkrecht zur Längsmittelebene angebracht ist. Werden mit den genannten Fahrzeugen Anhänger gezogen, so hat der Lenker diese Warntafel an der Rückseite des Anhängers anzubringen. Durch Verordnung des Bundesministers für Verkehr, Innovation und Technologie sind die näheren Bestimmungen hinsichtlich der genannten reflektierenden Warntafel oder gleichwertiger Warneinrichtungen im Sinne des Abs. 10c, wie insbesondere die Abmessungen, Ausgestaltung, Rückstrahlwirkung festzulegen.

Die Bestimmungen <u>gelten nicht</u> für

1. Fahrzeuge, die zur Verwendung im Bereich des öffentlichen Sicherheitsdienstes bestimmt sind
2. Heeresfahrzeuge
3. Feuerwehrfahrzeuge
4. Abschleppfahrzeuge
5. Fahrzeuge, die zur Müllabfuhr verwendet werden

6.   Fahrzeuge, die Bootsanhänger ziehen

Die <u>Anbringung</u> der reflektierenden Warntafel ist <u>nicht erforderlich</u>, wenn an der Rückseite des Fahrzeuges

➜ 1.   eine gelb-rote Warneinrichtung, die der ECE-Regelung Nr. 70 entspricht

➜ 2.   gelb-rote Folien, die hinsichtlich des Signalbildes und der Rückstrahlwirkung den Vorgaben der ECE-Regelung Nr. 70 gleichwertig sind, oder

➜ 3.   eine retroreflektierende Markierung oder Konturmarkierung, die der ECE-Regelung Nr. 104 entspricht

angebracht sind.
(§ 102 Abs. 10a, 10b und 10c KFG)

Konturmarkierung
An Kraftwagen der Klassen N2 mit einer Höchstmasse von mehr als 7,5 t und N3 sowie von solchen Fahrzeugen abgeleiteten Spezialkraftwagen und selbstfahrenden Arbeitsmaschinen müssen auffällige Markierungen im Sinne der ECE-Regelung Nr. 104 angebracht sein. An solchen Fahrzeugen mit einer

1)   Breite von mehr als 2 100 mm muss hinten eine Vollkontur-Markierung und

2)   Länge von mehr als 6 m muss seitlich eine Teilkonturmarkierung

angebracht sein. Das gilt nicht für Fahrgestelle mit Fahrerhaus, unvollständige Fahrzeuge und Sattelzugfahrzeuge. Ist es wegen der Form, des Aufbaus, der Bauart oder

der Betriebsbedingungen nicht möglich, die vorgeschriebene Konturmarkierung anzubringen, darf eine Linienmarkierung angebracht sein. An Feuerwehrfahrzeugen reicht generell eine Linienmarkierung. Diese kann je nach Konstruktion des Fahrzeuges auch unterbrochen sein.
(§ 14 Abs. 6c KFG)

Mitwirkungsverpflichtung des Lenkers

Der Lenker hat auf Verlangen der Organe des öffentlichen Sicherheitsdienstes oder der Straßenaufsicht diesen, sofern dies zum Zweck der Überwachung der Einhaltung der kraftfahrrechtlichen Vorschriften auf Straßen mit öffentlichem Verkehr erforderlich ist, das Fahrzeug oder Teile, Ausrüstungs- und Ausstattungsgegenstände des von ihm gelenkten Fahrzeuges und des mit diesem gezogenen Anhängers auf dem einfachsten Weg und ohne diese oder dritte Personen zu gefährden, zugänglich zu machen, insoweit ihm dies ohne Verwendung von Werkzeugen und ohne besondere Fertigkeiten und Kenntnisse möglich und zumutbar ist. Verweigert der Lenker die ihm zumutbare Mitwirkung an technischen Fahrzeugkontrollen und verhindert so die Überprüfung des Fahrzeuges oder seiner Teile, Ausrüstungs- und Ausstattungsgegenstände, so ist die Annahme gerechtfertigt, dass das Fahrzeug nicht den kraftfahrrechtlichen Vorschriften entspricht und dass die Verkehrssicherheit durch die weitere Verwendung des Fahrzeuges gefährdet wird. In diesen Fällen sind die Bestimmungen des § 57 Abs. 8 (Abnahme der Kennzeichentafel und des Zulassungsscheines) anzuwenden.
(§ 102 Abs. 11 KFG)
(§ 102 Abs. 11a bis 11d KFG hier nicht abgedruckt)

Hinderung an der Weiterfahrt

Die Organe des öffentlichen Sicherheitsdienstes oder der Straßenaufsicht sind berechtigt, Personen am Lenken oder an der Inbetriebnahme eines Fahrzeuges zu hindern, wenn diese hiedurch begehen oder begehen würden eine Übertretung

a) des § 36 lit. a oder des § 82 Abs. 1 bis 3 *(nicht zugelassenes Fahrzeug)*

b) des § 36 lit. b oder des § 82 Abs. 4, unbeschadet des § 51 Abs. *3 (keine Kennzeichentafel)*

c) des § 36 lit. c, wenn durch die Übertretung die Verkehrssicherheit gefährdet wird *(Auflagen bei der Zulassung von Probefahrten)*

d) des § 85 (*Verwendung ausländischer Motorfahrräder)*

e) des § 102 Abs. 3, wenn durch die Nichterfüllung von Auflagen die Verkehrssicherheit gefährdet wird *(Kenntnis der Handhabung und Wirksamkeit der Betätigungsvorrichtungen)*

f) des § 102 Abs. 8a oder des § 102 Abs. 9, wenn bei Nichtverwendung von Winterreifen oder Schneeketten aufgrund der Fahrbahnverhältnisse oder der beabsichtigten Fahrtstrecke eine Gefährdung der Verkehrssicherheit zu erwarten ist

g) des § 4 Abs. 7a, des § 101, des § 104 oder des § 106, wenn durch die Übertretung die Verkehrssicherheit gefährdet wird, wobei die Verkehrssicherheit bei einer Überschreitung des jeweiligen höchsten zulässigen Gesamtgewichtes oder der Höchstgrenzen des § 4 Abs. 7a im Ausmaß von mehr als 2 %

oder der zulässigen Achslasten um mehr als 6 % jedenfalls gefährdet wird

h) des § 58 Abs. 1 StVO 1960, wenn im Hinblick auf die höchste zulässige Dauer des Lenkens und das Mindestausmaß der Ruhezeiten, gegebenenfalls auch nach ausländischen Maßstäben, eine offenbare Übermüdung des Lenkers zu besorgen ist

i) des § 102 Abs. 1a, wenn die erforderlichen Schaublätter, handschriftlichen Aufzeichnungen oder Ausdrucke nicht mitgeführt, nicht ordnungsgemäß ausgefüllt oder ausgehändigt werden oder des § 102a Abs. 3 bis 8

j) der Verordnung (EWG) Nr. 3821/85 hinsichtlich der Vorschriften über die Benutzung des Schaublattes oder der Fahrerkarte (Art. 13 ff.) oder des Artikels 10 des Europäischen Übereinkommens über die Arbeit des im internationalen Straßenverkehr beschäftigten Fahrpersonals (AETR) hinsichtlich der Vorschriften über die Benutzung des Schaublattes

k) der Artikel 5 bis 9 der Verordnung (EG) Nr. 561/2006 oder der Artikel 5 bis 8 des Europäischen Übereinkommens über die Arbeit des im internationalen Straßenverkehr beschäftigten Fahrpersonals (AETR) hinsichtlich der Vorschriften über das Mindestalter, die zulässige Lenkzeit, einzulegende Unterbrechung und Einhaltung der erforderlichen Ruhezeit

Mögliche Zwangsmaßnahmen

Zu diesem Zweck sind, falls erforderlich, je nach Lage des Falles und Art des Fahrzeuges oder der Beladung Zwangsmaßnamen, wie etwa Abnahme der Fahrzeugschlüssel, Absperren oder Einstellen des Fahrzeuges, An-

bringen von technischen Sperren und dergleichen, anzuwenden. Solche Zwangsmaßnahmen sind unverzüglich
aufzuheben, wenn der Grund für ihre Anwendung weggefallen ist, im Falle der oben unter angeführten lit. d, h, i, j
oder k auch, wenn eine andere Person, bei der keine
Hinderungsgründe gegeben sind, beabsichtigt, das Fahrzeug in Betrieb zu nehmen und zu lenken. Im Falle der
lit. g sind bei Gewichtsüberschreitungen oder Achslast-
überschreitungen die Zwangsmaßnahmen aufzuheben,
wenn die Überlast ab- oder auf ein anderes Fahrzeug
umgeladen wird. Ist das Ab- oder Umladen an Ort und
Stelle nicht möglich, so kann der Transport unter Begleitung durch die Organe des öffentlichen Sicherheitsdienstes oder der Straßenaufsicht mit geringer Geschwindigkeit
bis zu einer nahe gelegenen geeigneten Stelle, wo ein
sicheres Ab- oder Umladen möglich ist, weitergeführt
werden. Die durch eine Begleitung anfallenden Kosten
sind vom Zulassungsbesitzer zu ersetzen; der Lenker des
Kraftfahrzeuges gilt als Vertreter des Zulassungsbesitzers, falls dieser nicht selbst oder ein von ihm bestellter
Vertreter anwesend ist.
(§ 102 Abs. 12 KFG)

Verpflichtung, auf Anordnung zur Kontrolle mitzufahren

Unter gewissen Umständen ist der Lenker verpflichtet, bis
zu 10 km vom Fahrziel abweichend zu Kontrollen mitzu-
fahren.

Vorführung zur technischen Kontrolle

§ 58 Abs. 3 KFG besagt:

Kraftfahrzeuglenker

1. die mit ihrem Fahrzeug mehr Lärm, Rauch, üblen Geruch oder schädliche Luftverunreinigungen verursachen, als bei ordnungsgemäßem Zustand und sachgemäßem Betrieb unvermeidbar ist, oder

2. bei deren Fahrzeug die Wirksamkeit von Teilen und Ausrüstungsgegenständen, die für die Verkehrs- und Betriebssicherheit von Bedeutung sind, beeinträchtigt erscheint,

haben das Fahrzeug auf Verlangen der Organe des öffentlichen Sicherheitsdienstes an einem geeigneten, nicht mehr als 10 km von ihrem Weg zum Fahrziel entfernten Ort zur Prüfung gemäß Abs. 2 vorzuführen.

Technische Unterwegskontrolle § 58a KFG

Fahrzeuge der Klassen M2, M3, N2, N3, O3, O4 und hauptsächlich im gewerblichen Kraftverkehr auf öffentlichen Straßen genutzte Zugmaschinen der Fahrzeugklasse T5 auf Rädern mit einer bauartbedingten Höchstgeschwindigkeit von mehr als 40 km/h unabhängig ihrer Herkunft von der Behörde, in deren örtlichem Wirkungsbereich sich das Fahrzeug befindet, oder von den ihr zur Verfügung stehenden Organen des öffentlichen Sicherheitsdienstes technischen Prüfungen an Ort und Stelle zuzuführen (technische Unterwegskontrollen im Sinne der Richtlinie 2014/47/EU

Es wird zwischen einer

- anfänglichen technischen Unterwegskontrolle und einer
- gründlicheren technischen Unterwegskontrolle

zu unterscheiden.

Zu Beginn einer technischen Unterwegskontrolle werden die ausgewählten Fahrzeuge einer anfänglichen technischen Unterwegskontrolle unterzogen (durch besonders geschulte Polizisten). Bei jeder anfänglichen technischen Unterwegskontrolle eines Fahrzeugs hat das Organ des öffentlichen Sicherheitsdienstes (Prüfer) wie folgt vorzugehen:

1. Begutachtung der letzten Prüfbescheinigung über die regelmäßige technische Überwachung (§ 57a-Gutachten) …. ACHTUNG ist mitzuführen (§ 102 Abs. 5 KFG – 34 KFG Novelle)

2. es nimmt eine Sichtprüfung des technischen Zustands des Fahrzeugs vor;

3. er kann eine Sichtprüfung der Sicherung der Ladung des Fahrzeugs vornehmen;

4. es kann technische Prüfungen nach jeder für zweckmäßig erachteten Methode durchführen;

5. er überprüft, ob Mängel, die im vorangegangenen Bericht über die technische Unterwegskontrolle festgestellt wurden, behoben worden sind;

Ausgehend vom Ergebnis der anfänglichen Unterwegskontrolle entscheidet es, ob das Fahrzeug oder sein Anhänger einer gründlicheren Unterwegskontrolle zu unterziehen ist.

Eine gründlichere technische Unterwegskontrolle wird von einem geeigneten Prüforgan unter Einsatz einer mobilen Kontrolleinheit, in einer speziellen Einrichtung für Unterwegskontrollen oder in einer gemäß § 57 oder § 57a ermächtigten Prüfstelle oder in einer Landesprüfstelle durchgeführt.

Jeder bei einer anfänglichen oder gründlicheren technischen Unterwegskontrolle festgestellte erhebliche oder gefährliche Mangel muss behoben werden, bevor das Fahrzeug weiter auf öffentlichen Straßen benutzt wird.

Vorführung zur Verwiegung

§ 101 Abs. 7 KFG besagt:

Der Lenker eines Kraftfahrzeuges hat auf Verlangen der Organe des öffentlichen Sicherheitsdienstes oder der Straßenaufsicht an Ort und Stelle oder bei einer nicht mehr als 10 km, bei Fahrzeugen mit einer Bauartgeschwindigkeit von nicht mehr als 25 km/h 3 km von seinem Weg zum Fahrtziel entfernten Waage prüfen zu lassen, ob das höchste zulässige Gesamtgewicht oder die höchsten zulässigen Achslasten des von ihm gelenkten Kraftfahrzeuges oder eines mit diesem gezogenen Anhängers überschritten wurden. Wurde eine Überschreitung festgestellt, so hat der Zulassungsbesitzer des Fahrzeuges die Kosten des Wägens und bei einem angeordneten Ab- oder Umladen die Kosten der allfälligen Nachwägungen zu ersetzen; der Lenker des Kraftfahrzeuges gilt als Vertreter des Zulassungsbesitzers, falls dieser nicht selbst oder ein von ihm bestellter Vertreter anwesend ist. Weigert sich der Lenker, zu einer Waage zu fahren oder das Fahrzeug auf die Waage zu stellen, so ist die Annahme gerechtfertigt, dass die zulässigen Gewichtsgrenzen oder Achslasten überschritten werden und die Organe des öffentlichen Sicherheitsdienstes oder der Straßenaufsicht sind berechtigt, Zwangsmaßnahmen gemäß § 102 Abs. 12 zu setzen. Der Landeshauptmann hat den Organen des öffentlichen Sicherheitsdienstes oder der Straßenaufsicht die zur Prüfung des Gesamtgewichtes und der Achslasten an Ort und Stelle erforderlichen Einrichtungen zur Verfügung zu stellen.

Führerscheingesetz

Auch im Führerscheingesetz (FSG) finden sich wichtige Pflichten für den Fahrzeuglenker.

Pflichten des Kraftfahrzeuglenkers

Mitführverpflichtung

Jeder Lenker eines Kraftfahrzeuges hat unbeschadet der Bestimmungen des § 102 Abs. 5 KFG 1967 auf Fahrten mitzuführen

1. den für das von ihm gelenkte Kraftfahrzeug vorgeschriebenen Führerschein oder Heeresführerschein,

2. bis zum Erhalt des Führerscheines (§ 13 Abs. 4) den vorläufigen Führerschein und einen amtlichen Lichtbildausweis,

3. beim Lenken von Motorfahrrädern, vierrädrigen Leichtkraftfahrzeugen oder Invalidenkraftfahrzeugen den Mopedausweis oder Heeresmopedausweis oder, falls ein solcher nicht erforderlich ist, einen amtlichen Lichtbildausweis, einen Führerschein,

4. beim Lenken eines Feuerwehrfahrzeuges der Klassen C, D, C+E oder D+E oder der Unterklassen C1 oder C1+E mit einer Lenkberechtigung für die Klassen B oder B+E (§ 1 Abs. 3 zweiter und dritter Satz) den Führerschein und den Feuerwehrführerschein,

5. beim Lenken eines Feuerwehrfahrzeuges oder Rettungs- und Krankentransportfahrzeuges einer gesetzlich anerkannten Rettungsorganisation mit einer höchst-

zulässigen Gesamtmasse bis 5 500 kg den Führerschein und die Bestätigung gemäß § 1 Abs. 3 Z 3

und auf Verlangen die entsprechenden Dokumente den gemäß § 35 Abs. 2 zuständigen Organen zur Überprüfung auszuhändigen.

(§ 14 Abs. 1 FSG)

Abhandenkommen von Dokumenten

Im Falle des Abhandenkommens der in Abs. 1 genannten Dokumente hat der Besitzer des abhandengekommenen Dokumentes bei der Behörde oder der nächsten Dienststelle des öffentlichen Sicherheitsdienstes unverzüglich Anzeige zu erstatten. Die Bestätigung über diese Anzeige berechtigt zum Lenken von Kraftfahrzeugen bis zur Ausstellung des neuen Dokumentes, jedoch nicht länger als vier Wochen, gerechnet vom Tage des Abhandenkommens. Wird einem Lenker der Führerschein im Ausland wegen einer der in § 7 Abs. 3 genannten bestimmten Tatsachen abgenommen, so gilt diese Abnahme nicht als Abhandenkommen.

(§ 14 Abs. 3 FSG)

Ungültigkeit des Führerscheines

Wenn ein Führerschein ungültig geworden ist, hat dessen Besitzer ohne unnötigen Aufschub den Führerschein bei der Behörde abzuliefern und gegebenenfalls die Ausstellung eines neuen Führerscheines zu beantragen (§ 15). Ein Führerschein ist ungültig, wenn die behördlichen Eintragungen, Unterschriften oder Stempel unkenntlich geworden sind, das Lichtbild fehlt oder den Besitzer nicht mehr einwandfrei erkennen lässt, oder Beschädigungen

oder Merkmale seine Vollständigkeit, Einheit oder Echtheit in Frage stellen.
(§ 14 Abs. 4 FSG)

Andere Führerscheine aus EWR Staaten

Eine Person, die im Besitz mehrerer in einem EWR-Staat ausgestellter Führerscheine ist, hat alle bis auf den zuletzt ausgestellten Führerschein bei der Behörde abzuliefern. Die abgelieferten Führerscheine sind der jeweiligen Ausstellungsbehörde zurückzustellen.
(§ 14 Abs. 7 FSG)

Alkoholbestimmungen des Führerscheingesetzes

Allgemeine Alkoholbestimmung – 0,5 ‰

Ein Kraftfahrzeug darf nur in Betrieb genommen oder gelenkt werden, wenn beim Lenker der Alkoholgehalt des Blutes weniger als 0,5 g/l (0,5 Promille) oder der Alkoholgehalt der Atemluft weniger als 0,25 mg/l beträgt. Bestimmungen, die für den betreffenden Lenker geringere Alkoholgrenzwerte festsetzen, bleiben unberührt.
(§ 14 Abs. 8 FSG)

Besondere Alkoholbestimmungen – 0,1 ‰
Ausbildungsfahrten – Bewerber und Begleiter

Bei der Durchführung von Ausbildungsfahrten darf sowohl beim Bewerber als auch beim Begleiter der Alkoholgehalt des Blutes nicht mehr als 0,1g/l (0,1 Promille) oder der Alkoholgehalt der Atemluft nicht mehr als 0,05 mg/l betragen.
(§ 19 Abs. 6 FSG)

Besondere Alkoholbestimmungen – 0,1 ‰
Fahrzeuge der Klasse C

Fahrzeuge der Klasse C, deren höchste zulässige Gesamtmasse mehr als 7,5 t beträgt, dürfen nur von einem Lenker in Betrieb genommen und gelenkt werden, bei dem der Alkoholgehalt des Blutes nicht mehr als 0,1 g/l (0,1 Promille) oder der Alkoholgehalt der Atemluft nicht mehr als 0,05 mg/l beträgt.
(§ 20 Abs. 5 FSG)

Besondere Alkoholbestimmungen – 0,1 ‰
Fahrzeuge der Klassen C und D

Fahrzeuge der Klasse C und D dürfen nur von einem Lenker in Betrieb genommen und gelenkt werden, bei dem der Alkoholgehalt des Blutes nicht mehr als 0,1 g/l (0,1 Promille) oder der Alkoholgehalt der Atemluft nicht mehr als 0,05 mg/l beträgt.
(§ 20 Abs. 4 FSG)

Vorläufige Abnahme des Führerscheines

Die Organe des öffentlichen Sicherheitsdienstes und der Straßenaufsicht haben einem Kraftfahrzeuglenker, aus dessen Verhalten deutlich zu erkennen ist, dass er insbesondere infolge Alkohol- oder Suchtmittelgenusses, Einnahme von Medikamenten oder eines außergewöhnlichen Erregungs- oder Ermüdungszustandes nicht mehr die volle Herrschaft über seinen Geist und seinen Körper besitzt, den Führerschein, den Mopedausweis oder gegebenenfalls beide Dokumente vorläufig abzunehmen, wenn er ein Kraftfahrzeug lenkt, in Betrieb nimmt oder versucht, es in Betrieb zu nehmen. Weiters haben die Organe die genannten Dokumente vorläufig abzunehmen, wenn ein Alkoholgehalt des Blutes von 0,8 g/l (0,8 Promille) oder

mehr oder ein Alkoholgehalt der Atemluft von 0,4 mg/l oder mehr festgestellt wurde oder der Lenker eine Übertretung gemäß § 99 Abs. 1 lit. b oder c StVO 1960 begangen hat, wenn der Lenker ein Kraftfahrzeug gelenkt hat, in Betrieb genommen hat oder versucht hat, es in Betrieb zu nehmen, auch wenn anzunehmen ist, dass der Lenker in diesem Zustand kein Kraftfahrzeug mehr lenken oder in Betrieb nehmen wird. Außerdem haben diese Organe Personen, denen die Lenkberechtigung mit Bescheid vollstreckbar entzogen wurde oder über die ein mit Bescheid vollstreckbares Lenkverbot verhängt wurde und die der Ablieferungsverpflichtung der Dokumente nicht nachgekommen sind, den Führerschein, den Mopedausweis oder gegebenenfalls beide Dokumente abzunehmen. Ebenso können diese Organe bei mit technischen Hilfsmitteln festgestellten Geschwindigkeitsübertretungen, die mit einer Entziehung geahndet werden, den Führerschein vorläufig abnehmen. Bei der vorläufigen Abnahme ist eine Bescheinigung auszustellen, in der die Gründe für die Abnahme und eine Belehrung über die zur Wiedererlangung des Führerscheines oder Mopedausweises erforderlichen Schritte enthalten sind.
(§ 39 Abs. 1 FSG)

Verbot des Lenkens bei vorläufiger Abnahme

Das Lenken von Kraftfahrzeugen, für die der Besitz einer Lenkberechtigung vorgeschrieben ist, vor der Wiederausfolgung des vorläufig abgenommenen Führerscheines oder das Lenken von Motorfahrrädern, Invalidenkraftfahrzeugen oder vierrädrigen Leichtkraftfahrzeugen vor der Wiederausfolgung des vorläufig abgenommenen Mopedausweises ist unzulässig.
(§ 39 Abs. 5 FSG)

Straßenverkehrsordnung

Weitere Vorschriften für Fahrzeuglenker finden sich im § 58 der Straßenverkehrsordnung.

Geistige und körperliche Verfassung

Unbeschadet der Bestimmungen des § 5 Abs. 1 darf ein Fahrzeug nur lenken, wer sich in einer solchen körperlichen und geistigen Verfassung befindet, in der er ein Fahrzeug zu beherrschen und die beim Lenken eines Fahrzeuges zu beachtenden Rechtsvorschriften zu befolgen vermag. Sind diese Voraussetzungen offenbar nicht gegeben, so sind die Bestimmungen des § 5b sinngemäß anzuwenden.

Stellt der Lenker unterwegs fest, dass der Zustand des Fahrzeuges oder der sich darauf befindlichen Ladung nicht den rechtlichen Vorschriften entspricht, und kann er einen solchen Zustand nicht sofort beheben, so darf er die Fahrt bis zum nächsten Ort, wo der vorschriftswidrige Zustand behoben werden kann, fortsetzen, jedoch nur dann, wenn er die notwendigen Sicherheitsvorkehrungen zur Hintanhaltung einer Gefährdung von Personen oder einer Beschädigung von Sachen trifft.

Die Bestimmungen des Abs. 2 gelten auch dann, wenn der Lenker wegen eines nicht den rechtlichen Vorschriften entsprechenden Zustandes des Fahrzeuges oder der Ladung von einem Organ der Straßenaufsicht beanstandet wird. Die Organe der Straßenaufsicht können jedoch aus Gründen der Verkehrssicherheit die Weiterfahrt verbieten, wenn die Sicherheitsvorkehrungen des Lenkers (Abs. 2) nicht ausreichen.

Verständigungsverpflichtung für den Lenker

Ist der Lenker eines Fahrzeuges nicht auch dessen Besitzer, bei Kraftfahrzeugen dessen Zulassungsbesitzer, so hat er, wenn sich das Fahrzeug oder die Ladung nicht in einem den rechtlichen Vorschriften entsprechenden Zustand befindet, dies dem Besitzer des Fahrzeuges oder dem Verfügungsberechtigten, bei Kraftfahrzeugen dem Zulassungsbesitzer, zu melden.

Zahlencode im Führerschein

LENKER (medizinische Gründe)

01.	Korrektur des Sehvermögens und/oder Augenschutz
01.01.	Brille
01.02.	Kontaktlinse(n)
01.05.	Augenschutz
01.06.	Brille oder Kontaktlinsen
01.07.	Spezifische optische Hilfe
02.	Hörprothese/Kommunikationshilfe
03.	Prothese/Orthese der Gliedmaßen
03.01.	Prothese/Orthese der Arme
03.02.	Prothese/Orthese der Beine

FAHRZEUGANPASSUNGEN

10.	Angepasste Schaltung
10.02.	Automatische Wahl des Getriebegangs
10.04.	Angepasste Schalteinrichtung
15.	Angepasste Kupplung
15.01.	Angepasstes Kupplungspedal

15.02. Handkupplung

15.03. Automatische Kupplung

15.04. Maßnahme, um eine Blockierung oder Betätigung des Kupplungspedals zu verhindern

20. Angepasste Bremsvorrichtungen

20.01. Angepasstes Bremspedal

20.03. Bremspedal, geeignet für Betätigung mit dem linken Fuß

20.04. Bremspedal mit Gleitschiene

20.05. Bremspedal (Kipppedal)

20.06. Mit der Hand betätigte Bremse

20.07. Bremsbetätigung mit maximaler Kraft von … N (*) (z. B.: ‚20.07(300N)')

20.09. Angepasste Feststellbremse

20.12. Maßnahme, um eine Blockierung oder Betätigung des Bremspedals zu verhindern

20.13. Mit dem Knie betätigte Bremse

20.14. Durch Fremdkraft unterstützte Bremsanlage

25. Angepasste Beschleunigungsvorrichtung

25.01. Angepasstes Gaspedal

25.03. Gaspedal (Kipppedal)

25.04. Handgas

25.05. Mit dem Knie betätigter Gashebel

25.06. Durch Fremdkraft unterstützte Betätigung des Gaspedals/-hebels

25.08. Gaspedal links

25.09. Maßnahme, um eine Blockierung oder Betätigung des Gaspedals zu verhindern

31. Anpassungen und Sicherungen der Pedale

31.01. Extrasatz Parallelpedale

31.02. Pedale auf der gleichen (oder fast gleichen) Ebene

31.03. Maßnahme, um eine Blockierung oder Betätigung des Gas- und des Bremspedals zu verhindern, wenn Pedale nicht mit dem Fuß betätigt werden

31.04. Bodenerhöhung

32. Kombinierte Beschleunigungs- und Betriebsbremsvorrichtungen

32.01. Gas und Betriebsbremse als kombinierte, mit einer Hand betätigte Vorrichtung

32.02. Gas und Betriebsbremse als kombinierte, mit Fremdkraft betätigte Vorrichtung

33. Kombinierte Betriebsbrems-, Beschleunigungs- und Lenkvorrichtungen

33.01. Gas, Betriebsbremse und Lenkung als kombinierte, mit Fremdkraft mit einer Hand betätigte Vorrichtung

33.02. Gas, Betriebsbremse und Lenkung als kombinierte, mit Fremdkraft mit zwei Händen betätigte Vorrichtung

35. Angepasste Bedienvorrichtungen (Schalter für Licht, Scheibenwischer/-waschanlage, akustisches Signal, Fahrtrichtungsanzeiger usw.)

35.02. Gebrauch der Bedienvorrichtung möglich, ohne Lenkvorrichtung loszulassen

35.03. Gebrauch der Bedienvorrichtung mit der linken Hand möglich, ohne Lenkvorrichtung loszulassen

35.04. Gebrauch der Bedienvorrichtung mit der rechten Hand möglich, ohne Lenkvorrichtung loszulassen

35.05. Gebrauch der Bedienvorrichtung möglich, ohne Lenkvorrichtung und Beschleunigungs- und Bremsvorrichtungen loszulassen

40. Angepasste Lenkung

40.01. Lenkung mit maximaler Kraft von … N (*) (z. B.: ,40.01(140N)')

40.05. Angepasstes Lenkrad (mit verbreitertem/verstärktem Lenkradteil; verkleinertem Durchmesser usw.)

40.06. Angepasste Position des Lenkrads

40.09. Fußlenkung

40.11. Assistenzeinrichtung am Lenkrad

40.14. Andersartig angepasstes, mit einer Hand/einem Arm bedientes Lenksystem

40.15. Andersartig angepasstes, mit zwei Händen/Armen bedientes Lenksystem

42. Angepasste Einrichtung für die Sicht nach hinten/zur Seite

42.01. Angepasste Einrichtung für die Sicht nach hinten

42.03. Zusätzliche Innenvorrichtung zur Erweiterung der Sicht zur Seite

42.05. Einrichtung für die Sicht in den toten Winkel

43. Sitzposition des Fahrzeugführers

43.01. Höhe des Führersitzes für normale Sicht und in normalem Abstand zum Lenkrad und zu den Pedalen

43.02. Der Körperform angepasster Sitz

43.03. Führersitz mit Seitenstützen zur Verbesserung der Stabilität

43.04. Führersitz mit Armlehne

43.06. Angepasster Sicherheitsgurt

43.07. Sicherheitsgurte mit Unterstützung zur Verbesserung der Stabilität

44. Anpassungen an Krafträdern (obligatorische Verwendung von Untercodes)

44.01. Einzeln gesteuerte Bremsen

44.02. Angepasste Vorderradbremse

44.03. Angepasste Hinterradbremse

44.04. Angepasste Beschleunigungsvorrichtung

44.08. Sitzhöhe muss im Sitzen die Berührung des Bodens mit beiden Füßen gleichzeitig sowie das Balancieren des Kraftrades beim Anhalten und Stehen ermöglichen

44.09. Maximale Betätigungskraft der Vorderradbremse ... N (*) (z. B. ‚44.09(140N)')

44.10. Maximale Betätigungskraft der Hinterradbremse ... N (*) (z. B. ‚44.10(240N)')

44.11. Angepasste Fußraste

44.12. Angepasster Handgriff

45. Kraftrad nur mit Seitenwagen

46. Nur dreirädrige Kraftfahrzeuge

47. Beschränkt auf Fahrzeuge mit mehr als zwei Rädern, die vom Fahrer beim Anfahren, Anhalten und Stehen nicht im Gleichgewicht ausbalanciert werden müssen

50. Beschränkung auf ein bestimmtes Fahrzeug/eine bestimmte Fahrgestellnummer (Angabe der Fahrzeugidentifizierungsnummer)

In Kombination mit den Codes 01 bis 44 für eine weitere Präzisierung verwendete Buchstaben:

a links

b rechts

c Hand

d Fuß

e Mitte

f Arm

g Daumen

CODES MIT BEGRENZTER VERWENDUNG

61. Beschränkung auf Fahrten bei Tag (z. B. eine Stunde nach Sonnenaufgang und eine Stunde vor Sonnenuntergang)
62. Beschränkung auf Fahrten in einem Umkreis von … km vom Wohnsitz oder innerorts in …/innerhalb der Region …
63. Fahren ohne Beifahrer
64. Beschränkt auf Fahrten mit einer zulässigen Höchstgeschwindigkeit von nicht mehr als … km/h
65. Fahren nur mit Beifahrer, der im Besitz eines Führerscheins von mindestens der gleichwertigen Klasse sein muss
66. Ohne Anhänger
67. Fahren auf Autobahnen nicht erlaubt
68. Kein Alkohol
69. Beschränkt auf Fahrzeuge mit einer alkoholempfindlichen Wegfahrsperre gemäß EN 50436. Angabe eines Ablaufdatums ist fakultativ (z. B. ‚69' oder ‚69(01.01.2016)')

ANGABEN FÜR BEHÖRDLICHE ZWECKE

70. Umtausch des Führerscheins Nummer …, ausgestellt durch … (EU/UN-Kennzeichnung im Falle eines Drittlandes, z. B. ‚70.0123456789.NL')
71. Duplikat des Führerscheins Nummer … (EU/UN-Kennzeichnung im Falle eines Drittlandes, z. B. ‚71.987654321.HR')
73. Nur für vierrädrige Kraftfahrzeuge der Klasse B (B1)

78.   Nur Fahrzeuge mit Automatikgetriebe

79.   (…) Im Rahmen der Anwendung des Artikels 13 dieser Richtlinie nur Fahrzeuge, die den in Klammern angegebenen Spezifikationen entsprechen.

79.01. Beschränkung auf zweirädrige Kraftfahrzeuge mit oder ohne Beiwagen

79.02. Beschränkung auf dreirädrige Kraftfahrzeuge oder vierrädrige Leichtkraftfahrzeuge der Klasse AM

79.03. Beschränkung auf dreirädrige Kraftfahrzeuge

79.04. Beschränkung auf dreirädrige Kraftfahrzeuge mit einem Anhänger mit einer höchstzulässigen Gesamtmasse von 750 kg

79.05. Krafträder der Klasse A1 mit einem Leistungsgewicht von mehr als 0,1 kW/kg

79.06. Fahrzeuge der Klasse BE, bei denen die höchstzulässige Gesamtmasse des Anhängers 3 500 kg übersteigt

80.   Beschränkung auf Inhaber eines Führerscheins, der zum Führen von dreirädrigen Kraftfahrzeugen der Klasse A berechtigt ist und das 24. Lebensjahr nicht vollendet hat

81.   Beschränkung auf Inhaber eines Führerscheins, der zum Führen von zweirädrigen Kraftfahrzeugen der Klasse A berechtigt ist und das 21. Lebensjahr nicht vollendet hat

95.   Kraftfahrer, der Inhaber eines Befähigungsnachweises ist und die Befähigungspflicht gemäß der Richtlinie 2003/59/EG bis zum … erfüllt (z. B. ‚95(01.01.12)‘)

96.   Fahrzeuge der Klasse B mit einem Anhänger mit einer höchstzulässigen Gesamtmasse von mehr als 750 kg, wobei die höchstzulässige Gesamt-

masse dieser Fahrzeugkombination mehr als 3 500 kg, jedoch nicht mehr als 4 250 kg beträgt

97.   Berechtigt nicht zum Führen eines Fahrzeugs der Klasse C1, das in den Geltungsbereich der Verordnung (EWG) Nr. 3821/85 des Rates fällt

Bei den Codes 01 und 44 sind Untercodes jedenfalls zu verwenden.

Folgende Zahlencodes mit ausschließlicher Geltung für Österreich sind zu verwenden:

104.   Lenkberechtigung ist auf Grund ärztlicher Kontrolluntersuchungen gemäß § 2 Abs. 3 letzter Satz der Führerscheingesetz-Gesundheitsverordnung (FSG-GV) zu verlängern

110.   Verlängerung der Probezeit

110.01 Erste   Verlängerung   der   Probezeit   bis (TT.MM.JJJJ)

110.02 Zweite   Verlängerung   der   Probezeit   bis (TT.MM.JJJJ)

110.03 Dritte   Verlängerung   der   Probezeit   bis (TT.MM.JJJJ)

111.   Berechtigung zum Lenken von Krafträdern gemäß § 2 Abs. 1 Z 5 lit. c FSG

112.   Berufskraftfahrer gemäß § 15 Abs. 1 Z 2 Betriebsordnung für den nichtlinienmäßigen Personenverkehr – BO 1994; BGBl. Nr. 951/1993 idF BGBl. Nr. 1028/1994.

113.   Gewerbeprüfung Personenbeförderung gemäß § 15 Abs. 1 Z 2 BO 1994

114. Berechtigung zum Lenken von dreirädrigen Kraftfahrzeugen mit einer Lenkberechtigung für die Klasse B vor Vollendung des 21. Lebensjahres

115. Berechtigung zum Lenken von (allen) Motorrädern mit einer Motorleistung von nicht mehr als 25 kW und einem Verhältnis von Leistung/Leergewicht von nicht mehr als 0,16 kW/kg mit einer Lenkberechtigung für die Klasse A2

116. Berechtigung zum Lenken von vierrädrigen Kraftfahrzeugen mit einer Eigenmasse von nicht mehr als 400 kg mit einer Lenkberechtigung für die Klasse A

120. Elektrofahrzeuge mit einer höchstzulässigen Gesamtmasse von nicht mehr als 4 250 kg gemäß § 2 Abs. 1a FSG

4   Güterbeförderungsbestimmungen

Die grundsätzlichen Regelungen zur Beförderung von Gütern sind in Österreich im

➜ **Bundesgesetz über die gewerbsmäßige Beförderung von Gütern mit Kraftfahrzeugen (Güterbeförderungsgesetz 1995 – GütbefG)**

enthalten.

Begriffsbestimmungen

Güter

körperliche, bewegliche Sachen, auch dann, wenn sie keinen Verkehrswert haben

Kabotage

gewerbsmäßige Beförderung von Gütern, deren Be- und Entladeort innerhalb Österreichs liegt, durch Güterkraftverkehrsunternehmer mit Sitz im Ausland

Werkverkehr

Werkverkehr liegt vor, wenn:

- Die beförderten Güter müssen Eigentum des Unternehmens oder von ihm verkauft, gekauft, vermietet, gemietet, erzeugt, gewonnen, bearbeitet oder ausgebessert werden oder worden sein

- Die Beförderung muss der Heranschaffung der Güter zum Unternehmen, ihrer Fortschaffung vom Unternehmen, ihrer Überführung innerhalb oder – zum Eigengebrauch – außerhalb des Unternehmens dienen

- Die für die Beförderung verwendeten Kraftfahrzeuge müssen vom eigenen Personal des Unternehmens geführt werden

- Die die Güter befördernden Kraftfahrzeuge müssen dem Unternehmen gehören, von ihm auf Abzahlung gekauft worden sein oder gemietet sein. Dies gilt nicht bei Einsatz eines Ersatzfahrzeuges für die Dauer eines kurzfristigen Ausfalls des sonst verwendeten Kraftfahrzeugs

- Die Beförderung darf nur eine Hilfstätigkeit im Rahmen der gesamten Tätigkeit des Unternehmens darstellen

- Als Werkverkehr gilt ferner das Abschleppen der im Unternehmen verwendeten Fahrzeuge sowie die Beförderung von Gütern in besonders eingerichteten Vorführungswagen zum ausschließlichen Zweck der Werbung oder Belehrung

Verkehr über die Grenze

Die gewerbsmäßige Beförderung von Gütern mit Kraftfahrzeugen von Orten, die außerhalb des Bundesgebietes liegen, in das Bundesgebiet oder durch das Bundesgebiet hindurch, oder von innerhalb des Bundesgebietes liegenden Orten in das Ausland

Mietfahrzeuge

Mietfahrzeuge sind Kraftfahrzeuge, die einem Konzessionsinhaber im Rahmen eines Vertrages gegen Entgelt für einen bestimmten Zeitraum ohne Beistellung eines Fahrers zur Verfügung gestellt werden. Mietfahrzeuge dürfen im gewerblichen Güterverkehr nur dann verwendet werden, wenn deren Nutzung innerhalb der vom Konzessionsumfang festgelegten Anzahl der Kraftfahrzeuge liegt. Den Mietfahrzeugen sind Kraftfahrzeuge gleichgestellt, bei denen der Konzessionsinhaber nicht Zulassungsbesitzer ist.

Geltungsbereich und Ausnahmen

→ Gewerbsmäßige Beförderung von Gütern

→ Werksverkehr

Dieses Bundesgesetz gilt für die gewerbsmäßige Beförderung von Gütern mit Kraftfahrzeugen des Straßenverkehrs oder solchen mit Anhängern, bei denen die Summe der höchsten zulässigen Gesamtgewichte insgesamt 3 500 kg übersteigt, durch Beförderungsunternehmen und für den Werkverkehr mit solchen Kraftfahrzeugen. Es gilt nicht für Fuhrwerksdienste, auf die die Gewerbeordnung 1994 gemäß ihrem § 2 Abs. 1 Z 2 nicht anzuwenden ist.

Abweichend davon gelten folgende Bestimmungen des GütbefG auch für die gewerbsmäßige Beförderung von Gütern mit Kraftfahrzeugen des Straßenverkehrs oder solchen Kraftfahrzeugen mit Anhängern, bei denen die Summe der höchsten zulässigen Gesamtgewichte insgesamt 3 500 kg nicht übersteigt:

- § 6 Z 1 bis 4 GütbefG

  → Eintragung der Verwendungsbestimmung im Zulassungsschein "zur Verwendung für die gewerbsmäßige Beförderung bestimmt"

  → Mitführverpflichtung und Verpflichtung zur Aushändigung der beglaubigten Abschrift der Konzessionsurkunde oder ein beglaubigten Auszug aus dem Gewerberegister

  → Bestimmungen über erforderliche Dokumente bei Verwendung von Mietfahrzeugen (Mietvertrag des Fahrzeugs, Beschäftigungsvertrag des Lenkers)

- § 7 Abs. 2 GütbefG
  → Kabotageverbot und Ausnahmen von diesem Verbot
- § 10 und § 11 GütbefG
  → Bestimmungen über den Werksverkehr
- Abschnitte VI bis VIII GütbefG
  → Abschnitt VI: Behörden
  → Abschnitt VII: Strafbestimmungen
  → Abschnitt VIII: Schluss- und Übergangsbestimmungen

Abweichend von Abs. 1 des GütbefG gelten jedoch folgende Bestimmungen auch für den Werkverkehr mit Kraftfahrzeugen des Straßenverkehrs oder solchen Kraftfahrzeugen mit Anhängern, bei denen die Summe der höchsten zulässigen Gesamtgewichte insgesamt 3 500 kg nicht übersteigt:

- § 7 Abs. 2 GütbefG
  → Kabotageverbot und Ausnahmen von diesem Verbot
- § 10 GütbefG
  → Bestimmungen über den Werksverkehr
- Abschnitte VI bis VIII GütbefG
  → Abschnitt VI: Behörden
  → Abschnitt VII: Strafbestimmungen
  → Abschnitt VIII: Schluss- und Übergangsbestimmungen

AUSNAHMEN:

Das Güterbeförderungsgesetz ist nicht anzuwenden auf Fuhrwerksdienste, auf die die Gewerbeordnung 1994 gemäß ihrem § 2 Abs. 1 Z 2 nicht zutrifft *(Die Gewerbeordnung ist – unbeschadet weiterer ausdrücklich ange-*

ordneter Ausnahmen durch besondere bundesgesetzliche Vorschriften – auf die in den nachfolgenden Bestimmungen angeführten Tätigkeiten nicht anzuwenden – die Nebengewerbe der Land- und Forstwirtschaft (§ 2 Abs. 4 GewO)

Ausnahmen von der Konzessionspflicht:

Eine Konzession nach dem Güterbeförderungsgesetz oder die Anmeldung eines besonderen Gewerbes ist nicht erforderlich:

→ für die Beförderung von Postsendungen im Rahmen des Universaldienstes

→ für die Beförderung von Gütern auf Grund einer Berechtigung für Spediteure gemäß § 94 Z 63 GewO 1994;

→ für den Werkverkehr (§ 10);

→ für die Beförderung des Gepäcks der Fahrgäste durch Unternehmen für die Personenbeförderung;

→ für die Beförderungstätigkeiten von Eisenbahnunternehmen

– in Ausübung des Rollfuhrdienstes (Zu- und Abstreifen von der Eisenbahn zur Beförderung übergebenem Stückgut, von Gepäck der Reisenden sowie von Behältern, einschließlich Wechselaufbauten, im Ortsbereich des Versand- oder Bestimmungsbahnhofes oder in deren benachbarten Orten) und des Straßenrollerdienstes;

– in Ausübung des Schienenersatzverkehrs bei Unterbrechung der Schienenwege, insbesondere im Falle eines Betriebsnotstandes.

Güterbeförderungsgesetzes

Nachstehend werden einige wichtige Vorschriften des Güterbeförderungsgesetzes zusammengefasst dargestellt

Eintragung der Verwendungsbestimmung

Die zur gewerbsmäßigen Beförderung von Gütern verwendeten Kraftfahrzeuge müssen im Zulassungsschein bzw. in der Zulassungsbescheinigung die Verwendungsbestimmung "zur Verwendung für die gewerbsmäßige Beförderung bestimmt" eingetragen haben.
Die gewerbsmäßige Beförderung von Gütern ist auch zulässig mit:

→ Mietfahrzeugen

→ Fahrzeugen, die zum Werkverkehr bestimmt sind

Werkverkehr darf nur mit Kraftfahrzeugen, bei denen im Zulassungsschein bzw. in der Zulassungsbescheinigung die Verwendungsbestimmung "zur Verwendung für den Werkverkehr bestimmt" eingetragen ist, mit Mietfahrzeugen durchgeführt werden.

→ *Diese erforderliche Angabe der Verwendungsbestimmung kann sowohl in Worten als auch durch Anführung einer bestimmten Kennziffer erfolgen.*

C4	Antragsteller ist		Besitzer
A4	Verwendungsbestimmung		zur Verwendung für den Werkverkehr bestimmt
E	Fahrzeugidentifizierungsnr.		WDB9046621R712464
B	Erstmalige Zulassung	am:	15.11.2004
A5	Genehmigungsgrundlage		inländische nationale Typengenehmigung
A6	Datum der Genehmigung		05.12.2001
K	Genehmigungsnummer		ZI 786002/1-II-B/5/01

A7	Nationaler Code	
J	Art des Fahrzeuges / Klasse	Lastkraftwagen N1
D1	Fabrikmarke	MERCEDES-BENZ
D3	Handelsbezeichnung	SPRINTER 416 CDI KASTNWAGEN H

C4	Antragsteller ist	Besitzer, dies ist kein Eigentumsnachweis		
A4	Verwendungsbestimmung	19		
E	FIN	VF622ACA0A0014868		
B	Erstmalige Zulassung am	27.05.1999	A6 Genehmigungsdatum	11.05.1999
A5	Genehmigungsgrundlage	Einzelgenehmigung		
K	Genehmigungsnummer	ME-A 14442/2-1999		

A7	Nationaler Code	
J	Klasse / Fahrzeugart	-/Lastkraftwagen N3
D1	Marke	Renault
D3	Handelsbezeichnung	
D2	Type/Variante/Version	Premium 250.18

Güterbeförderungsbestimmungen

Kennziffern für Verwendungsbestimmungen gemäß der Zulassungsstellenverordnung (Auszug):

01	zu keiner besonderen Verwendung bestimmt
19	zur Verwendung für den Werkverkehr bestimmt
20	zur Verwendung für die gewerbsmäßige Beförderung bestimmt
22	zur Verwendung für die gewerbsmäßige Vermietung ohne Beistellung eines Lenkers bestimmt
23	zur Verwendung bei Spediteuren bestimmt
24	zur Beförderung von gefährlichen Gütern bestimmt

Mitzuführende Dokumente

Beglaubigte Abschriften

Der Lenker hat in jedem zur Ausübung des Güterverkehrs verwendeten Kraftfahrzeug eine beglaubigte Abschrift der Konzessionsurkunde oder einen beglaubigten Auszug aus dem Gewerberegister mitzuführen und den Aufsichtsorganen auf Verlangen auszuhändigen.

Mietvertrag

Werden Mietfahrzeuge zur gewerbsmäßigen Beförderung von Gütern oder für den Werkverkehr verwendet, ist der Vertrag über die Vermietung des Fahrzeuges, aus dem der Name des Vermieters, der Name des Mieters, das Datum und die Laufzeit des Vertrages sowie das Kennzeichen des Fahrzeuges hervorgehen, mitzuführen und den Aufsichtsorganen auf Verlangen auszuhändigen.

Beschäftigungsvertrag

Werden Mietfahrzeuge zur gewerbsmäßigen Beförderung von Gütern oder für den Werkverkehr verwendet, ist, sofern der Lenker nicht der Mieter ist, der Beschäftigungsvertrag des Lenkers, aus dem der Name des Arbeitgebers, der Name des Arbeitnehmers, das Datum und die Laufzeit des Beschäftigungsvertrages hervorgehen oder eine Bestätigung des Arbeitgebers mit diesen Inhalten, mitzuführen und den Aufsichtsorganen auf Verlangen auszuhändigen.

Begleitpapier betreffend die Ladung

In jedem zur gewerbsmäßigen Beförderung von Gütern verwendeten Kraftfahrzeug ist während der gesamten Beförderung ein Begleitpapier oder ein sonstiger Nachweis mitzuführen, in dem

→   das beförderte Gut,

→   der Be- und Entladeort und

→   der Auftraggeber

angegeben ist.

Beim Verkehr über die Grenze (siehe Begriffsbestimmungen) sind folgende Dokumente unter Umständen erforderlich:

Gemeinschaftslizenz nach Verordnung (EG) 1072/2009

CEMT Genehmigung

=   Genehmigung auf Grund der Resolution des Rates der Europäischen Konferenz der Verkehrsminister (CEMT) vom 14. Juni 1973

Güterbeförderungsbestimmungen

Bewilligung

Bewilligung des Bundesministers für Verkehr, Innovation und Technologie für den Verkehr nach, durch oder aus Österreich

Auf Grund zwischenstaatlicher Abkommen vergebene Genehmigung des Bundesministers für Verkehr, Innovation und Technologie

Kontrollblatt bei Kabotagefahrten

Der Lenker hat bei jeder Kabotagefahrt ein ordnungsgemäß ausgefülltes Kontrollblatt mitzuführen und den Kontrollorganen auf Verlangen vorzuweisen. Der Bundesminister für Verkehr, Innovation und Technologie hat mit Verordnung Vorschriften über das Aussehen, den Inhalt und die Handhabung der Kontrollblätter zu erlassen.

Fahrerbescheinigung

Falls erforderlich, ist die Fahrerbescheinigung nach Verordnung (EG) 1072/2009 mitzuführen.

Verordnung (EG) 1072/2009

Die VERORDNUNG (EG) Nr. 1072/2009 DES EUROPÄISCHEN PARLAMENTS UND DES RATES vom 21. Oktober 2009 betrifft *„gemeinsame Regeln für den Zugang zum Markt des grenzüberschreitenden Güterkraftverkehrs"*.

Die Verordnungen (EWG) Nr 881/92 und (EWG) Nr. 3118/93 sowie die Richtlinie 2006/94/EG werden durch diese neue Verordnung aufgehoben.
Nur die wichtigsten Bestimmungen dieser Verordnung sollen hier wiedergegeben werden.

Geltungsbereich und Ausnahmen

Geltungsbereich

Diese Verordnung gilt für den grenzüberschreitenden gewerblichen Güterkraftverkehr auf den im Gebiet der Gemeinschaft zurückgelegten Wegstrecken.

Diese Verordnung gilt weiters für den innerstaatlichen Güterkraftverkehr, der von einem gebietsfremden Verkehrsunternehmer gemäß Kapitel III (Kabotage) zeitweilig durchgeführt wird.

AUSNAHMEN:

Folgende Beförderungen sowie im Zusammenhang damit durchgeführte Leerfahrten bedürfen keiner Gemeinschaftslizenz und sind von jeglichem Erfordernis einer Beförderungsgenehmigung ausgenommen:

→ die Beförderung von *Postsendungen* im Rahmen des Universaldienstes

→ die Beförderung von *beschädigten oder reparaturbedürftigen Fahrzeugen*

→ die Beförderung von Gütern mit Kraftfahrzeugen, deren zulässige *Gesamtmasse*, einschließlich der Gesamtmasse der Anhänger, *3,5 t nicht übersteigt*

→ die Beförderung von *Medikamenten, medizinischen Geräten und Ausrüstungen* sowie anderen zur Hilfsleistung in dringenden *Notfällen* (insbesondere bei Naturkatastrophen) bestimmten Gütern

→ die Beförderung von Gütern mit Kraftfahrzeugen, sofern *folgende Voraussetzungen erfüllt sind*:

– Die beförderten Güter müssen Eigentum des Unternehmens oder von ihm verkauft, gekauft, vermietet, gemietet, erzeugt, gewonnen, bearbeitet oder wieder instand gesetzt worden sein

– die Beförderung muss der Anlieferung der Güter zum Unternehmen, ihrem Versand ab dem Unternehmen, ihrer Verbringung innerhalb oder – zum Eigengebrauch – außerhalb des Unternehmens dienen

– die für die Beförderung verwendeten Kraftfahrzeuge müssen von Personal geführt werden, das bei dem Unternehmen beschäftigt ist oder ihm im Rahmen einer vertraglichen Verpflichtung zur Verfügung gestellt wurde

– die Güter befördernden Fahrzeuge müssen dem Unternehmen gehören oder von ihm auf Abzahlung gekauft oder gemietet sein, wobei sie in letzterem Fall die Voraussetzungen der Richtlinie 2006/1/EG des Europäischen Parlaments und des Rates vom 18. Januar 2006 über die Verwendung von ohne Fahrer gemieteten Fahrzeugen im Güterkraftverkehr erfüllen müssen

– diese Beförderung darf nur eine Hilfstätigkeit im Rahmen der gesamten Tätigkeit des Unternehmens darstellen

Gemeinschaftslizenz und Fahrerbescheinigung

Allgemeiner Grundsatz

Der grenzüberschreitende Verkehr unterliegt einer Gemeinschaftslizenz in Verbindung – sofern der Fahrer Staatsangehöriger eines Drittlandes ist – mit einer Fahrerbescheinigung.

Gemeinschaftslizenzen und beglaubigte Kopien, die vor dem Beginn der Anwendung dieser Verordnung ausgestellt wurden, bleiben bis zum Ablauf ihrer Gültigkeitsdauer gültig.

Geltungsdauer der Gemeinschaftslizenz

Die Gemeinschaftslizenz wird von den zuständigen Behörden des Niederlassungsmitgliedstaats für einen verlängerbaren Zeitraum von bis zu zehn Jahren ausgestellt.

Fahrerbescheinigung

Die *Fahrerbescheinigung* wird von der zuständigen Behörde des Niederlassungsmitgliedstaats des Verkehrsunternehmens auf Antrag des Inhabers der Gemeinschaftslizenz für jeden Fahrer ausgestellt, der

– weder ein Staatsangehöriger eines Mitgliedstaats

– noch ein langfristig Aufenthaltsberechtigter im Sinne der Richtlinie 2003/109/EG ist

und den der Verkehrsunternehmer

– rechtmäßig beschäftigt,

oder

für jeden Fahrer,

– der weder ein Staatsangehöriger eines Mitgliedstaats

– noch ein langfristig Aufenthaltsberechtigter im Sinne der genannten Richtlinie ist und

– der dem Verkehrsunternehmer zur Verfügung gestellt wird.

Mit der Fahrerbescheinigung wird bestätigt, dass der darin genannte Fahrer unter den in Artikel 5 Absatz 1 der Verordnung (EG) 1072/2009 festgelegten Bedingungen beschäftigt ist.

Geltungsdauer der Fahrerbescheinigung

Die Geltungsdauer der Fahrerbescheinigung wird vom ausstellenden Mitgliedstaat festgesetzt; sie beträgt höchstens fünf Jahre. Vor dem Beginn der Anwendung dieser Verordnung ausgestellte Fahrerbescheinigungen bleiben bis zum Ablauf ihrer Geltungsdauer gültig.

Sicherheitsmerkmale der Gemeinschaftslizenz und der Fahrerbescheinigung

Die Gemeinschaftslizenz und die Fahrerbescheinigung müssen mindestens zwei der folgenden Sicherheitsmerkmale aufweisen:

→ ein Hologramm,

→ Spezialfasern im Papier, die unter UV-Licht sichtbar werden,

→ mindestens eine Mikrodruckzeile (Aufdruck nur unter einem Vergrößerungsglas sichtbar und von Fotokopiergeräten nicht reproduzierbar),

→ fühlbare Zeichen, Symbole oder Muster,

→ doppelte Nummerierung: Seriennummer der Gemeinschaftslizenz, ihrer beglaubigten Kopie oder der Fahrerbescheinigungen sowie, in jedem Fall, die Ausgabenummer,

→ Sicherheitsuntergrund mit feinen Guillochenmustern und Irisdruck

Kabotage

Allgemeiner Grundsatz

Jeder Verkehrsunternehmer, der Inhaber einer Gemeinschaftslizenz ist, und dessen Fahrer, wenn er Staatsangehöriger eines Drittlandes ist, eine Fahrerbescheinigung mit sich führt, ist unter den in Kapitel III Verordnung (EG) 1072/2009 festgelegten Bedingungen zur Durchführung von Kabotage berechtigt.

Die oben angeführten Güterkraftverkehrsunternehmer sind berechtigt,

→ im Anschluss an eine grenzüberschreitende Beförderung aus einem anderen Mitgliedstaat oder einem Drittland in den Aufnahmemitgliedstaat nach Auslieferung der Güter

→ bis zu drei Kabotagebeförderungen mit demselben Fahrzeug oder im Fall von Fahrzeugkombinationen mit dem Kraftfahrzeug desselben Fahrzeugs durchzuführen.

Bei Kabotagebeförderungen erfolgt die letzte Entladung, bevor der Aufnahmemitgliedstaat verlassen wird, innerhalb von sieben Tagen nach der letzten Entladung der in den Aufnahmemitgliedstaat eingeführten Lieferung.

Innerhalb der Frist können die Verkehrsunternehmer einige oder alle der Kabotagebeförderungen, zu denen sie berechtigt sind, in jedem Mitgliedstaat unter der Voraussetzung durchführen, dass sie auf eine Kabotagebeförderung je Mitgliedstaat innerhalb von drei Tagen nach der Einfahrt des unbeladenen Fahrzeugs in das Hoheitsgebiet dieses Mitgliedstaats beschränkt sind.

Innerstaatliche Güterkraftverkehrsdienste, die im Aufnahmemitgliedstaat von gebietsfremden Verkehrsunternehmern durchgeführt werden, sind nur dann mit dieser Verordnung vereinbar, wenn der Verkehrsunternehmer eindeutige Belege für die grenzüberschreitende Beförderung in den betreffenden Mitgliedstaat sowie für jede einzelne der durchgeführten Kabotagebeförderungen vorweisen kann.

Belege

Die genannten Belege müssen für jede Beförderung folgende Angaben enthalten:

→ Name, Anschrift und Unterschrift des Absenders;

→ Name, Anschrift und Unterschrift des Verkehrsunternehmers;

→ Name und Anschrift des Empfängers sowie

→ nach erfolgter Lieferung dessen Unterschrift und das Datum der Lieferung;

→ Ort und Datum der Übernahme der Ware sowie die Lieferadresse;

→ die übliche Beschreibung der Art der Ware und ihrer Verpackung sowie bei Gefahrgütern ihre allgemein anerkannte Beschreibung, die Anzahl der Packstücke sowie deren besondere Zeichen und Nummern;

→ die Bruttomasse der Güter oder eine sonstige Mengenangabe;

→ das amtliche Kennzeichen des Kraftfahrzeugs und des Anhängers

Muster der Gemeinschaftslizenz und der Fahrerbescheinigung

Muster für die Gemeinschaftslizenz

EUROPÄISCHE GEMEINSCHAFT

| Nationalitätskennzeichen (1) des Mitgliedstaates, der die Lizenz ausstellt | Bezeichnung der zuständigen Behörde oder Stelle |

LIZENZ Nr. ...

(oder)

BEGLAUBIGTE KOPIE Nr. ...

für den grenzüberschreitenden gewerblichen Güterkraftverkehr

Diese Lizenz berechtigt (2)..

auf allen Verkehrsverbindungen für die Wegstrecken im Gebiet der Gemeinschaft zum grenzüberschreitenden gewerblichen Güterkraftverkehr im Sinne der Verordnung (EG) Nr. 1072/2009 des europäischen Parlaments und des Rates vom 21. Oktober 2009 über gemeinsame Regeln für den Zugang zum Markt des grenzüberschreitenden Güterkraftverkehrs und nach Maßgabe der allgemeinen Bestimmungen dieser Lizenz.

Besondere Bemerkungen: ....

Diese Lizenz gilt vom	bis zum ....
Ausgestellt in	Am ....
.... (3)	

---

(1) Nationalitätskennzeichen der Mitgliedstaaten: (B) Belgien, (BG) Bulgarien, (CZ) Tschechische Republik, (DK) Dänemark, (D) Deutschland, (EST) Estland, (IRL) Irland, (GR) Griechenland, (E) Spanien, (F) Frankreich, (I) Italien, (CY) Zypern, (LV) Lettland, (LT) Litauen, (L) Luxemburg, (H) Ungarn, (M) Malta, (NL) Niederlande, (A) Österreich, (PL) Polen, (P) Portugal, (RO) Rumänien, (SLO) Slowenien, (SK) Slowakei, (FIN) Finnland, (S) Schweden, (UK) Vereinigtes Königreich

(2) Name oder Firma und vollständige Anschrift des Verkehrsunternehmers

(3) Unterschrift und Dienstsiegel der zuständigen Behörde oder Stelle, die die Lizenz erteilt.

Vorderseite der Gemeinschaftslizenz

Güterbeförderungsbestimmungen

ALLGEMEINE BESTIMMUNGEN

Diese Lizenz wird gemäß der Verordnung (EG) Nr. 1072/2009 erteilt.

Sie berechtigt auf allen Verkehrsverbindungen für die Wegstrecken im Gebiet der Gemeinschaft, gegebenenfalls unter den in der Lizenz festgelegten Bedingungen, zum grenzüberschreitenden gewerblichen Güterkraftverkehr für Beförderungen

- bei denen sich Ausgangspunkt und Bestimmungsort in zwei verschiedenen Mitgliedstaaten befinden, mit oder ohne Transit durch einen oder mehrere Mitgliedstaaten oder ein oder mehrere Drittländer

- von einem Mitgliedstaat in ein Drittland und umgekehrt, mit oder ohne Transit durch einen oder mehrere Mitgliedstaaten oder eines oder mehrere Drittländer

- zwischen Drittländer mit Transit durch einen oder mehrere Mitgliedstaaten

sowie zu Leerfahrten in Verbindung mit diesen Beförderungen.

Bei Beförderungen von einem Mitgliedstaat nach einem Drittland und umgekehrt gilt diese Lizenz für die Wegstrecke im Hoheitsgebiet der Gemeinschaft. In dem Mitgliedstaat, in dem die Be- und Entladung stattfindet, gilt diese Lizenz erst, nachdem das hiezu erforderliche Abkommen zwischen der Gemeinschaft und dem betreffenden Drittland gemäß der Verordnung (EG) Nr. 1072/2009 geschlossen worden ist.

Die Lizenz ist persönlich und nicht übertragbar.

Sie kann von der zuständigen Behörde des Mitgliedstaates, der sie erteilt hat, insbesondere dann entzogen werden, wenn der Lizenzinhaber

- nicht alle Bedingungen für die Verwendung der Lizenz erfüllt hat;

- zu Tatsachen, die für die Erteilung bzw. Erneuerung der Lizenz erheblich waren, unrichtige Angaben gemacht hat.

Das Original der Lizenz ist vom Verkehrsunternehmer aufzubewahren.

Eine beglaubigte Kopie der Lizenz ist im Fahrzeug mitzuführen. Bei Fahrzeugkombinationen ist sie im Kraftfahrzeug mitzuführen. Sie gilt für die gesamte Fahrzeugkombination auch dann, wenn der Anhänger oder Sattelanhänger nicht auf den Namen des Lizenzinhabers amtlich zugelassen oder zum Verkehr zugelassen ist oder wenn er in einem anderen Staat amtlich zugelassen oder zum Verkehr zugelassen ist.

Die Lizenz ist jedem Kontrollberechtigten auf Verlangen vorzuzeigen.

Die Lizenzinhaber ist verpflichtet, im Hoheitsgebiet jedes Mitgliedstaats die im jeweiligen Staat geltenden Rechts- und Verwaltungsvorschriften, insbesondere für Beförderungen und für den Straßenverkehr, einzuhalten.

Rückseite der Gemeinschaftslizenz

Muster für die Fahrerbescheinigung
EUROPÄISCHE GEMEINSCHAFT

Nationalitätskennzeichen (1) des Mitgliedstaates, der die Bescheinigung ausstellt	Bezeichnung der zuständigen Behörde oder Stelle

FAHRERBESCHEINIGUNG Nr. ...

für den gewerblichen Güterkraftverkehr im Rahmen der Gemeinschaftslizenz

(Verordnung (EG) Nr. 1072/2009 des Europäischen Parlaments und des Rates vom 21.Oktober 2009 über gemeinsame Regeln für den Zugang zum Markt des grenzüberschreitenden Güterkraftverkehrs)

Hiermit wird bescheinigt, dass angesichts der Unterlagen, die von

....(2)

vorgelegt worden sind,

der folgende Fahrer:

Name und Vorname: ....

Geburtsdatum und Geburtsort	Staatsangehörigkeit................

Art und Nummer des Ausweises ....

ausgestellt am	in ....

Nummer der Fahrerlaubnis ....

ausgestellt am	in ....

Nummer der Sozialversicherung ....

gemäß den Rechts- und Verwaltungsvorschriften und gegebenenfalls je nach den Vorschriften des nachstehend genannten Mitgliedstaats, gemäß den Tarifverträgen über die in diesem Mitgliedstaats geltenden Bedingungen für die Beschäftigung und Berufsausbildung von Fahrern beschäftigt wird, um dort Beförderungen im Güterkraftverkehr vorzunehmen.

Besondere Bemerkungen: ....(3)

Die Bescheinigung gilt vom	bis zum ....
Ausgestellt in	Am ....

(4)

(1)	Nationalitätskennzeichen der Mitgliedstaaten: (B) Belgien, (BG) Bulgarien, (CZ) Tschechische Republik, (DK) Dänemark, (D) Deutschland, (EST) Estland, (IRL) Irland, (GR) Griechenland, (E) Spanien, (F) Frankreich, (I) Italien, (CY) Zypern, (LV) Lettland, (LT) Litauen, (L) Luxemburg, (H) Ungarn, (M) Malta, (NL) Niederlande, (A) Österreich, (PL) Polen, (P) Portugal, (RO) Rumänien, (SLO) Slowenien, (SK) Slowakei, (FIN) Finnland, (S) Schweden, (UK) Vereinigtes Königreich
(2)	Name oder Firma und vollständige Anschrift des Verkehrsunternehmers
(3)	Name des Mitgliedstaates, in dem der Verkehrsunternehmer ansässig ist
(4)	Unterschrift und Dienstsiegel der ausstellenden zuständigen Behörde oder Stelle

Vorderseite der Fahrerbescheinigung

Güterbeförderungsbestimmungen

Rückseite der Fahrerbescheinigung

5   Gefahrguttransport

Gefährliche Güter und Gefahrgutklassen

Unter dem Begriff Gefahrgut sind alle Stoffe und Gegenstände zusammengefasst, von denen im Zusammenhang mit der Beförderung Gefahren für das Leben und die Gesundheit von Menschen ausgehen können. Diese Gefahren können sich aus der Natur des Gutes selbst, dessen Eigenschaften oder seinem Zustand ergeben. Entsprechend der Hauptgefahr, die von ihnen ausgeht, sind die Gefahrgüter verschiedenen Gefahrgutklassen zugeordnet.

Diese Klassen sind:

Klasse 1	Explosive Stoffe und Gegenstände mit Explosivstoff
Klasse 2	Gase
Klasse 3	Entzündbare flüssige Stoffe
Klasse 4.1	Entzündbare feste Stoffe, selbstzersetzliche Stoffe, polymerisierende Stoffe und desensibilisierte explosive feste Stoffe
Klasse 4.2	Selbstentzündliche Stoffe
Klasse 4.3	Stoffe die in Berührung mit Wasser entzündbare Gase entwickeln
Klasse 5.1	Entzündend (oxydierend) wirkende Stoffe
Klasse 5.2	Organische Peroxide
Klasse 6.1	Giftige Stoffe
Klasse 6.2	Ansteckungsgefährliche Stoffe
Klasse 7	Radioaktive Stoffe

Gefahrguttransport

Klasse 8 Ätzende Stoffe

Klasse 9 Verschiedene gefährliche Stoffe und Gegenstände

Jedem Stoff oder Gegenstand, der Gefahrgut im Sinne der Transportvorschriften ist, ist eine vierstellige UN-Kennzeichnungsnummer und eine offizielle Benennung für die Beförderung zugeordnet.

BEISPIEL: UN1203, BENZIN oder
UN1824, NATRIUMHYDROXIDLÖSUNG

Rechtsvorschriften

Die Gefahrgutvorschriften regeln unter anderem folgenden Bereiche beim Transport:

→ Zulässigkeit des Transportes

→ Art der eingesetzten Fahrzeuge

→ Kennzeichnung der Fahrzeuge

→ Ausrüstung der Fahrzeuge

→ Kennzeichnungen für Fahrzeuge, Tanks und Umschließungen

→ Verpackungen und Umschließungen für gefährliche Güter

→ Ausbildung und Fortbildung der Gefahrgutlenker

→ Begleitpapiere

Internationale Vorschriften

Die Beförderung gefährlicher Güter wird geregelt im

„Europäischen Übereinkommen über die internationale Beförderung gefährlicher Güter auf der Straße"

– dem so genannten **ADR**.

Dieses Übereinkommen gilt mittlerweile in fast 50 ADR-Mitgliedstaaten.

Anwendungsbereich

Von den Gefahrgutvorschriften sind alle Beförderungen von gefährlichen Stoffen betroffen, soweit die Rechtsvorschriften keine konkreten Ausnahmen vorsehen. Die Vorschriften sehen einige Tatbestände vor, unter denen das Recht nicht oder nur beschränkt zu berücksichtigen ist.

Freistellungen von den Gefahrgutvorschriften

Vollkommen freigestellt von den Vorschriften des ADR sind (Auszug)

→ Beförderungen gefährlicher Güter durch Privatpersonen, wenn sie einzelhandelsgerecht abgepackt sind und für den persönlichen oder häuslichen Gebrauch oder für Sport und Freizeit bestimmt sind (für bestimmte Güter gelten zusätzliche Höchstmengenbeschränkungen);

→ Beförderungen von Maschinen und Geräten, soweit sie nicht ausdrücklich in den Gefahrgutvorschriften genannt sind und Gefahrgut enthalten;

Gefahrguttransport

→ Beförderung von Gefahrgut, die von Unternehmen in Verbindung mit ihrer Haupttätigkeit als Lieferung oder Rücklieferung von Baustellen im Hoch- und Tiefbau oder im Zusammenhang mit Messungen, Reparatur- und Wartungsarbeiten durchgeführt werden, soweit 450 Liter je Verpackung und bestimmte Grenzmengen nach Unterabschnitt 1.1.1.3.6 ADR (1000 Punkte Regelung) nicht überschritten werden;

→ Beförderung bestimmter Gase (z.B. betriebsbedingt erforderliche Gase in Fahrzeugen, Anlagen und Maschinen, Gase in Nahrungsmitteln oder Getränken)

→ Beförderung betriebsbedingt erforderlicher Kraftstoffe bis zu bestimmten Grenzmengen;

Besonderheiten beim Gefahrguttransport

Sofern nicht gänzliche Freistellungen des ADR anwendbar sind, können zahlreiche Vorschriften zum Tragen kommen, wie insbesondere:

→ Mitführen von Beförderung- und Begleitpapieren

→ Ausbildung der Fahrzeuglenker

→ Besondere Zulassungsvorschriften für Fahrzeuge

→ Ladungssicherungs- und Zusammenladevorschriften nach dem ADR

→ Kennzeichnung von Fahrzeugen, Containern und Verpackungen

→ Mitführverpflichtung besonderer Ausrüstungsgegenstände

Ausbildung von Gefahrgutlenkern

Kennzeichnungspflichtige Gefahrguttransporte dürfen grundsätzlich nur von Fahrzeuglenkern gelenkt werden, die eine entsprechende Gefahrgutlenkerausbildung absolviert haben und im Besitz einer entsprechenden Bescheinigung nach dem ADR sind.

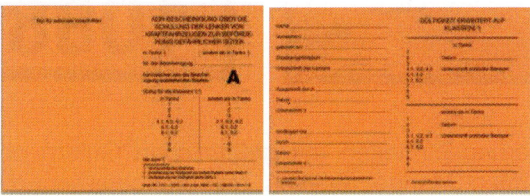

Muster der Bescheinigung über die besondere Ausbildung bis Ende 2012

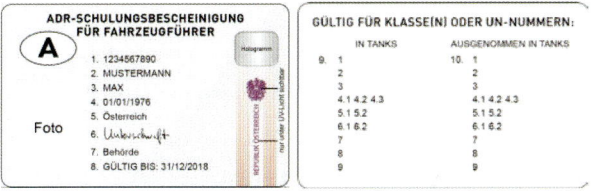

Muster der Bescheinigung über die besondere Ausbildung ab 2013

Die Kennzeichnung von Beförderungseinheiten

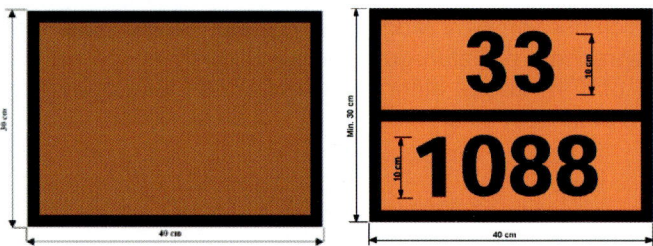

Beförderungseinheiten mit gefährlichen Gütern ab einer bestimmten Menge müssen mit orangefarbenen Kennzeichnungen versehen werden. Die Tafeln müssen vorne und hinten an der Beförderungseinheit deutlich sichtbar angebracht sein.

Für die Beförderung von Stückgut sind (grundsätzlich) neutrale orangefarbene Tafeln ohne Aufschrift zu verwenden.

Bei Beförderungen in Tankfahrzeugen, Batteriefahrzeugen oder in Fahrzeugen mit einem oder mehreren Tanks

sind zusätzlich an den Seiten jedes Tanks, jedes Tank-
abteils oder jeder Einheit eines Batteriefahrzeuges orangefarbene Tafeln mit Kennzeichnungsnummern anzubringen. Dies gilt auch für Beförderungen von Gefahrgütern in
loser Schüttung. Die Kennzeichnungsnummern in der obe-
ren Hälfte zeigen die (klassenspezifische) Gefahr des
Stoffes, in der unteren Hälfte wird die UN-Nummer des
Stoffes dargestellt. Bei der Gefahrenkennzeichnung kann
je nach Gefahrgut die Nennung mehrerer Ziffern oder die
Mehrfachnennung der Ziffern erfolgen.

Zusätzlich zu den orangefarbenen Kennzeichnungen müssen bei Tank- und Schüttguttransporten, bei der Beförderung gefährlicher Güter in Containern sowie bei der
Beförderung von gefährlichen Gütern der Klassen 1 und
7 Großzettel, so genannten „Placards", angebracht werden. Fahrzeuge sind dabei an den beiden Längsseiten
und hinten, Container auf allen vier Seiten des Containers
zu bezetteln.

Alle Großzettel müssen insbesondere

→ die Form eines auf die Spitze gestellten Quadrats haben,

→ eine Seitenlänge von mindestens 250 mm x 250 mm aufweisen (Ausnahmen möglich),

→ dem Muster für Gefahrzettel entsprechen

Muster der Gefahrzettel nach dem ADR

Gefahr der Klasse 1

Explosive Stoffe und Gegenstände mit Explosivstoff

Nr. 1
Unterklassen
1.1, 1.2 und 1.3

Nr. 1.4
Unterklasse 1.4

Nr. 1.5
Unterklasse 1.5

Nr. 1.6
Unterklasse 1.6

Gefahr der Klasse 2
Gase

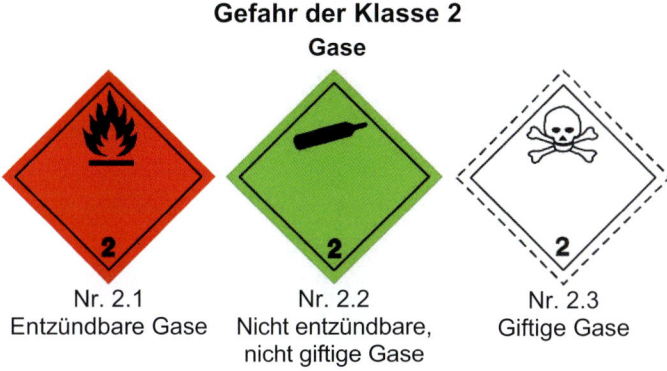

Nr. 2.1
Entzündbare Gase

Nr. 2.2
Nicht entzündbare,
nicht giftige Gase

Nr. 2.3
Giftige Gase

Gefahr der Klasse 3
Entzündbare flüssige Stoffe

Nr. 3

Gefahr der Klasse 4.1

Entzündbare feste Stoffe, selbstzersetzliche Stoffe, polymerisierende Stoffe und desensibilisierte explosive Stoffe

Gefahr der Klasse 4.2

Selbstentzündliche Stoffe

Gefahr der Klasse 4.3

Stoffe, die in Berührung mit Wasser entzündbare Gase entwickeln

Nr. 4.1

Nr. 4.2

Nr. 4.3

Gefahr der Klasse 5.1

Entzündend (oxidierend) wirkende Stoffe

Gefahr der Klasse 5.2

Organische Peroxide

Nr. 5.1

Nr. 5.2

Gefahr der Klasse 6.1

Giftige Stoffe

Nr. 6.1

Gefahr der Klasse 6.2

Ansteckungs- gefährliche Stoffe

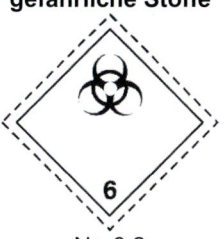

Nr. 6.2

Gefahr der Klasse 7

Radioaktive Stoffe

Nr. 7A   Nr. 7B   Nr. 7C

Nr. 7D

Nr. 7E

Gefahr der Klasse 8

Ätzende Stoffe

Gefahr der Klasse 9

Verschiedene gefährliche Stoffe und Gegenstände

Nr. 8

Nr. 9

Nr. 9

Weitere Kennzeichnungen nach dem ADR

Ausrichtungspfeile für
Versandstücke

Kennzeichen für
erwärmte Stoffe

Warnzeichen für Begasung

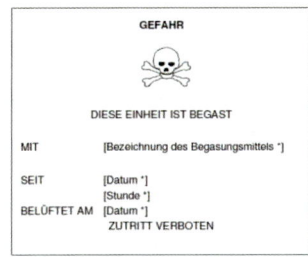

Kennzeichnung für
umweltgefährdende Stoffe

Kennzeichnungen für in begrenzten Mengen verpackte gefährliche Güter

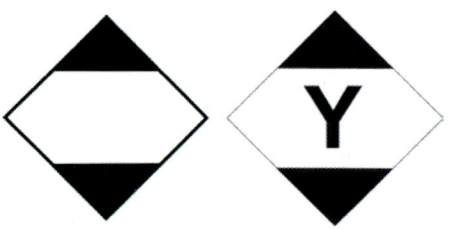

Gegenstände zur Sicherheit während des Fahrbetriebes und bei Zwischenfällen

In Abhängigkeit von den Gefahren, die von den transportierten Gütern ausgehen, müssen die Fahrzeuge mit zusätzlichen Gegenständen ausgerüstet sein, die dem Schutz des Fahrers, des Fahrzeuges, der anderen Verkehrsteilnehmer oder der Umwelt dienen.

Die folgende Ausrüstung muss sich an Bord der Beförderungseinheit befinden:

→ ein **Unterlegkeil** je Fahrzeug
(angepasst an zGG und Raddurchmesser)

→ zwei **selbststehende Warnzeichen**

→ **Augenspülflüssigkeit**
(nicht erforderlich bei Gefahrzetteln 1, 1.4, 1.5, 1.6, 2.1, 2.2 und 2.3)

dazu kommt für jedes Mitglied der Fahrzeugbesatzung:

→ eine **Warnweste**

→ ein **tragbares Beleuchtungsgerät**
(die Oberfläche darf nicht aus Metall bestehen, durch das Funken erzeugt werden könnten)

→   ein Paar **Schutzhandschuhe**

→   ein **Augenschutz** (z.B. Schutzbrille)

für bestimmte Klassen sind außerdem weitere Ausrüstungsgegenstände erforderlich:

→   bei Gefahrzettel 2.3 oder 6.1 für jedes Mitglied der Fahrzeugbesatzung eine **Notfluchtmaske** (eine Warnweste)

→   bei festen und flüssigen Stoffen mit Gefahrzettel 3, 4.1, 4.3, 8 oder 9:
eine **Schaufel**
eine **Kanalabdeckung**
ein **Auffangbehälter**

Feuerlöscher

→   mindestens 1 **Feuerlöscher** mit einem Fassungsvermögen von 2 kg Pulver für die Brandklassen A, B und C je Beförderungseinheit, und

→   bei **mehr als 7,5 t zGG** mindestens 2 tragbare **Feuerlöscher** mit einem Gesamtfassungsvermögen von **12 kg Pulver** der Klasse A, B und C je Beförderungseinheit, oder

→   bei **mehr als 3,5 t bis 7,5 t zGG** mindestens 2 tragbare **Feuerlöscher** mit einem Gesamtfassungsvermögen von **8 kg Pulver** der Klasse A, B und C je Beförderungseinheit

→   bei **bis zu 3,5 t zGG** mindestens 2 tragbare **Feuerlöscher** mit einem Gesamtfassungsvermögen von **4 kg Pulver** der Klasse A, B und C je Beförderungseinheit

Kennzeichnung von Versandstücken

Grundsätzlich sind alle Versandstücke mit gefährlichen Gütern mit folgenden Kennzeichnungen zu versehen:

→ Aufschrift mit den Buchstaben „UN" und der UN-Nummer

→ Gefahrzettel, welche(r) für dieses Gut vorgeschrieben sind (ist)

→ bei bestimmten Gütern oder Verpackungen zusätzliche Aufschriften und Kennzeichnungen

Begleitpapiere

Neben den nach anderen Rechtsvorschriften vorgeschriebenen Papieren sind beim Transport gefährlicher Güter, je nach Art der Beförderung, verschiedene Beförderungs- und Begleitpapiere zusätzlich mitzuführen.
Dies können sein:

→ die **Bescheinigung über die Schulung** des Fahrzeuglenkers

→ **Lichtbildausweis –**
Für jedes Mitglied der Fahrzeugbesatzung muss ein Lichtbildausweis mitgeführt werden

→ das **Beförderungspapier** – mit folgenden Angaben: (Auszug)

– die UN-Nummer jedes einzelnen Gefahrgutes mit vorangestellten Buchstaben „UN",

– die offizielle Benennung (ggf. ergänzt um die technische Benennung in Klammern),

– die Nummer der Gefahrzettelmuster,

– die dem Stoff zugeordnete Verpackungsgruppe

– die Anzahl und Beschreibung der Versandstücke,

– die Gesamtmenge jedes gefährlichen Gutes

– den Namen und die Anschrift des Absenders,

– den Namen und die Anschrift des Empfängers,

– ggf. eine Erklärung über die Anwendung von Sondervorschriften,

– ggf. der Tunnelbeschränkungscode.

Es ist keine besondere Form für das Beförderungspapier festgeschrieben. So kann der Frachtbrief (bei gewerblicher Güterbeförderung) ebenso genutzt werden, wie ein Lieferschein (im Werkverkehr) oder ein zusätzlich erforderliches Begleitpapier aufgrund anderer Vorschriften (z.B. Abfallbegleitschein). Wichtig ist, dass alle vorgenannten Informationen in diesem Begleitpapier enthalten sind.

→ Für die Beförderung bestimmter Güter bzw. der Verwendung bestimmter Fahrzeugarten (z.B. Tanks) ist die besondere **Zulassung** der Fahrzeuge erforderlich Diese Zulassungsbescheinigung ist bei entsprechenden Transporten mitzuführen.

→ **Schriftliche Weisungen**

Sollte es bei der Beförderung von Gefahrgut zu Unfällen oder Zwischenfällen kommen, hat der Fahrer sich an den **Schriftlichen Weisungen** zu orientieren.

Besondere Verhaltensregeln für Gefahrgutfahrer

Bei der Beförderung gefährlicher Güter hat der Gefahrgutlenker zusätzliche Regeln und Verbote zu beachten:

→ Sicherung der Fahrzeuge beim Parken
   Beförderungseinheiten mit gefährlichen Gütern dürfen nur mit angezogener Feststellbremse halten oder parken. Abschnitt 8.3.7 ADR.

→ Überwachung bestimmter Fahrzeuge beim Parken
   Fahrzeuge mit bestimmten gefährlichen Gütern[1] müssen beim Parken überwacht werden; ohne Überwachung dürfen sie in einem Lager oder im Werksbereich parken, wenn dabei ausreichende Sicherheit gewährleistet ist. Sind solche Parkmöglichkeiten nicht vorhanden, darf das Fahrzeug, nachdem geeignete Sicherheitsmaßnahmen getroffen wurden, abseits an einem Platz geparkt werden, der den nachstehenden Absätzen entspricht:

   1. ein Parkplatz, der von einem Beauftragten, der über die Art der Ladung und den Aufenthaltsort des Fahrzeugführers unterrichtet sein muss, bewacht wird;

   2. ein öffentlicher oder privater Parkplatz, auf dem für das Fahrzeug wahrscheinlich nicht die Gefahr besteht, durch andere Fahrzeuge beschädigt zu werden;
   oder

---

[1] Diese gefährlichen Güter ergeben sich aus den besonderen Vorschriften S1(6) und S14 bis S24 des Kapitels 8.5 für ein bestimmtes Gut gemäß Kapitel 3.2 Tabelle A Spalte 19.

3. eine abseits von öffentlichen Hauptverkehrswegen und Wohngebieten gelegene geeignete Freifläche, die normalerweise nicht als öffentlicher Durchgangs- oder Ver-sammlungsort dient.

Die Parkplätze nach Absatz 2 dürfen nur benutzt werden, wenn solche nach Absatz 1 nicht vorhanden sind; die nach Absatz 3 dürfen nur benutzt werden, wenn solche nach Absatz 1 und 2 fehlen (Kapitel 8.4.2 ADR).

→ <u>Verbot der Mitnahme von anderen Personen</u>
Abgesehen von den Mitgliedern der Fahrzeugbesatzung dürfen Fahrgäste in Beförderungseinheiten mit gefährlichen Gütern nicht befördert werden.
(Abschnitt 8.3.1 ADR).

→ <u>Rauchverbot</u>
Während der Ladearbeiten ist das Rauchen in der Nähe der Fahrzeuge und in den Fahrzeugen untersagt. (Abschnitt 7.5.9 und 8.3.6 ADR).

→ <u>Verbot von Flamme und offenem Feuer</u>
Der Umgang mit Feuer und offenem Licht ist bei Ladearbeiten, in der Nähe von Versandstücken und haltenden Fahrzeugen sowie in den Fahrzeugen untersagt.

→ <u>Be- und Entladung</u>
Mitglieder der Fahrzeugbesatzung dürfen Versandstücke mit gefährlichen Gütern nicht öffnen.
(Unterabschnitt 7.5.7.5 ADR).

→ Während des Be- oder Entladens muss der Motor abgestellt sein, wenn er nicht zum Betrieb von Pum-

pen oder anderen Einrichtungen zum Beladen oder Entladen des Fahrzeugs benötigt wird.
(Abschnitt 8.3.6 ADR).

→ Wird nach dem Entladen eines Fahrzeugs, in dem sich verpackte gefährliche Güter befanden, festgestellt, dass ein Teil ihres Inhalts ausgetreten ist, so ist das Fahrzeug so bald wie möglich, auf jeden Fall aber vor erneutem Beladen, zu reinigen.
(Unterabschnitt 7.5.8.1 ADR).

→ Wenn Ausrichtungspfeile vorgeschrieben sind, müssen die Versandstücke in Übereinstimmung mit diesen Kennzeichnungen ausgerichtet sein. Flüssige gefährliche Güter müssen, sofern dies durchführbar ist, unter trockenen gefährlichen Gütern verladen werden.
(Unterabschnitt 7.5.1.5 ADR).

→ Vorsichtsmaßnahmen bei
Nahrungs-, Genuss- und Futtermitteln
Versandstücke oder ungereinigte leere Verpackungen, die giftige Stoffe, ansteckungsgefährliche Stoffe, Asbest, PCB oder genetisch veränderte Mikroorganismen enthalten, sind in Fahrzeugen und an Be-, Ent- und Umladestellen getrennt von Versandstücken mit Nahrungs-, Genuss- und Futtermitteln zu halten (Abschnitt 7.5.4 ADR).

→ Ansteckungsgefährliche Stoffe müssen so verstaut sein, dass sie leicht zugänglich sind. Wenn diese Stoffe bei einer Umgebungstemperatur von höchsten 15 °C oder gekühlt zu befördern sind, muss diese Temperatur während des Umladens oder der Zwischenlagerung eingehalten werden. Versandstücke

mit diesen Stoffen dürfen nur an kühlen Orten, entfernt von Wärmequellen, gelagert werden.
(Abschnitt 7.5.11 ADR, Vorschrift CV 25).

Nationale Vorschriften

In Österreich wird die Beförderung gefährlicher Güter durch das

Gefahrgutbeförderungsgesetz – GGBG

geregelt.

Das GGBG ist ein multimodales Gesetz.

Es übernimmt die Bestimmungen des ADR und enthält nähere Ausführungsbestimmungen, wie zum Beispiel:

→ Zuständigkeiten für Kontrollen

→ Sanktionen und Strafhöhen

→ Verantwortlichkeiten und Verpflichtungen
   für den Lenker

→ Ausnahmen vom GGBG

Ausnahmen vom Geltungsbereich

1) Dieses Bundesgesetz gilt nicht für die Beförderung gefährlicher Güter ausschließlich innerhalb eines geschlossenen Betriebsgeländes oder eines sonstigen abgeschlossenen Bereichs oder mit Fahrzeugen, die den Streitkräften (§ 3 Abs. 1 Z 9) gehören oder der Verantwortung der Streitkräfte unterstehen, es sei denn die gemäß § 2 in Betracht

kommenden Vorschriften sehen ihre Anwendung auch auf diese Fahrzeuge vor.

2) Die Bestimmungen des GGBG sind weiters nicht anwendbar, wenn Fahrzeuge verwendet werden, die nicht unter den Fahrzeugbegriff des GGBG fallen. Die Definition für Fahrzeuge lautet:

Fahrzeug ist:

für Beförderungen gemäß § 1 Abs. 1 Z 1: ein zur Teilnahme am Straßenverkehr bestimmtes Kraftfahrzeug mit

– mindestens vier Rädern und

– einer bauartbedingten Höchstgeschwindigkeit von mehr als 25 km/h sowie Anhänger solcher Fahrzeuge, mit Ausnahme von

- Schienenfahrzeugen,
- mobilen Maschinen und Geräten sowie
- land- und forstwirtschaftlichen Zug- und Arbeitsmaschinen, sofern diese nicht mit einer Geschwindigkeit von über 40 km/h fahren, wenn sie gefährliche Güter befördern

Pflichten des Lenkers nach dem GGBG

Die Pflichten des Lenkers finden sich im Gefahrgutbeförderungsgesetz in verschiedenen Paragrafen.

Nachstehend werden die wichtigsten Verpflichtungen nach diesem Gesetz angeführt.

Diese sind:

- **§ 13 Abs. 2 GGBG**

Der Lenker darf eine Beförderungseinheit, mit der gefährliche Güter befördert werden, nur in Betrieb nehmen oder lenken, wenn

1. er über seine Pflichten und die Besonderheiten der Beförderung informiert ist,

2. er die Voraussetzungen des § 14 erfüllt und

3. er sich, soweit dies zumutbar ist, davon überzeugt hat, dass die Beförderungseinheit, mit der gefährliche Güter befördert werden, sowie die Ladung den gemäß § 2 Z 1 in Betracht kommenden Vorschriften entsprechen und die Aufschriften, Gefahrzettel, Großzettel (Placards), Tafeln und sonstigen Informationen über die gefährlichen Güter und über das Fahrzeug vorschriftsmäßig angebracht sind.

(Vertrauensgrundsatz)
Der Lenker kann jedoch im Fall der Z 3 auf die ihm von anderen Beteiligten zur Verfügung gestellten Informationen und Daten vertrauen.

- **§ 13 Abs. 3 GGBG**

Der Lenker hat bei der Beförderung die in den gemäß § 2 Z 1 in Betracht kommenden Vorschriften vorgeschriebenen Begleitpapiere und Ausstattungsgegenstände mitzuführen. Im Falle der Anzeige des Verlustes eines oder mehrerer Begleitpapiere hat die Behörde oder die nächste Dienststelle des öffentlichen Sicherheitsdienstes, bei welcher der Besitzer des in Verlust geratenen Begleitpapiers dies beantragt, diesem eine Bestätigung über die Verlust-

anzeige auszustellen. Die Bestätigung über die Verlustanzeige ersetzt das jeweilige Begleitpapier bis zur Ausstellung des neuen Begleitpapiers, jedoch nicht länger als
vier Wochen, gerechnet vom Tage des Verlustes.

- **§ 13 Abs. 4 GGBG**

(Alkoholbestimmung)
Beträgt im Falle von Beförderungen, bei denen auf Grund
der gemäß § 2 Z 1 in Betracht kommenden Vorschriften
eine besondere Ausbildung der Lenker (§ 14) erforderlich
ist, beim Lenker der Alkoholgehalt

1. des Blutes mehr als 0,1 g/l (0,1 Promille) oder
2. der Atemluft mehr als 0,05 mg/l,

so ist es ihm verboten, die Beförderungseinheit, mit der
gefährliche Güter befördert werden, in Betrieb zu nehmen
oder zu lenken.

- **§ 14 GGBG**

regelt die Ausbildung der Lenker (Gefahrgutlenkerausbildung) – *hier nicht abgedruckt.*

- **§ 15 Abs. 5 GGBG**

(Verpflichtung zum Mitfahren zu einem geeigneten
Kontrollort)
Lenker von Beförderungseinheiten, mit denen gefährliche
Güter befördert werden, haben die Fahrzeuge auf Verlangen eines Organs des öffentlichen Sicherheitsdienstes
an Ort und Stelle oder an einem von diesem Organ be-
zeichneten vom Weg zum Fahrtziel nicht mehr als 10 km
entfernten geeigneten Platz kontrollieren zu lassen. Als

geeignet gilt ein Platz, an dem Fahrzeuge, bei denen Verstöße festgestellt wurden, in einen vorschriftsmäßigen Zustand versetzt oder stillgelegt werden können, ohne daß dadurch ein Sicherheitsrisiko entsteht.

- **§ 15 Abs. 6 GGBG**

(Mitwirkung an der Kontrolle)
Der Lenker hat auf Verlangen der Behörde oder Organe gemäß Abs. 1 diesen die in den gemäß § 2 Z 1 in Betracht kommenden Vorschriften vorgeschriebenen Begleitpapiere und Ausstattungsgegenstände zur Überprüfung auszuhändigen und, wenn dies zur Prüfung im Sinne des Abs. 1 erforderlich ist, Teile und Ausrüstungsgegenstände des Kraftfahrzeuges oder Anhängers auf dem einfachsten Weg ohne Gefährdung von Personen zugänglich zu machen, insoweit ihm dies ohne Verwendung besonderer Werkzeuge und ohne besondere Fähigkeiten und Kenntnisse möglich und zumutbar ist. Wenn dies für eine Prüfung im Sinne des Abs. 1 erforderlich, ohne Gefährdung von Personen, Sachen oder der Umwelt möglich und nach den gemäß § 2 Z 1 in Betracht kommenden Vorschriften zulässig ist, sind auf Verlangen der Behörde gemäß Abs. 1 die hiefür notwendigen Mengen oder Teile beförderter Stoffe ohne Anspruch auf Entschädigung zur Verfügung zu stellen.

- **§ 16 Abs. 2 GGBG**

(Verbot der Inbetriebnahme der Beförderungseinheit bei angeordneter Unterbrechung der Beförderung)
Solange die Anordnung der Unterbrechung aufrecht ist, darf die Beförderungseinheit, mit der gefährliche Güter befördert werden, nur nach den von der Behörde gemäß

§ 15 Abs. 1 oder von deren Organen erteilten Anweisungen in Betrieb genommen oder gelenkt werden. Bei drohender Zuwiderhandlung gegen die Anordnung der Unterbrechung oder gegen die Anweisungen sind die Behörde gemäß § 15 Abs. 1 und deren Organe berechtigt, die Fortsetzung der Beförderung durch angemessene Zwangsmaßnahmen, wie Abnahme der Fahrzeugschlüssel, Absperren der Fahrzeuge, Anlegen von technischen Sperren, zu verhindern. Die Zwangsmaßnahmen sind aufzuheben, wenn der Grund für ihre Anordnung weggefallen ist.

- **§ 37 Abs. 2 Z 9 GGBG**

(Allgemeine Strafbestimmung für den Lenker)
Wer als Lenker entgegen § 13 Abs. 2 bis 4, § 15 Abs. 5 und 6 oder § 17 Abs. 1 und 4 eine Beförderungseinheit, mit der gefährliche Güter befördert werden, in Betrieb nimmt oder lenkt, Begleitpapiere oder Ausstattungsgegenstände nicht mitführt oder nicht auf Verlangen aushändigt, der Behörde nicht auf Verlangen die notwendigen Mengen oder Teile der beförderten gefährlichen Güter zur Verfügung stellt oder nicht die in § 17 Abs. 1 angeführten Nachweise oder sonstigen Unterlagen vorlegt oder nicht den Bescheid gemäß § 17 Abs. 4 mitführt oder diesen nicht auf Verlangen aushändigt begeht, wenn die Tat nicht den Tatbestand einer in die Zuständigkeit der Gerichte fallenden strafbaren Handlung bildet oder nach anderen Verwaltungsstrafbestimmungen mit strengerer Strafe bedroht ist, eine Verwaltungsübertretung und ist,

a) wenn gemäß den Kriterien des § 15a in **Gefahrenkategorie I** einzustufen ist, mit einer Geldstrafe von **150 Euro bis 6 000 Euro** oder

b) wenn gemäß den Kriterien des § 15a in **Gefahren-kategorie II** einzustufen ist, mit einer Geldstrafe von **110 Euro bis 4 000** Euro oder

c) wenn gemäß den Kriterien des § 15a in **Gefahren-kategorie III** einzustufen ist mit einer Geldstrafe **bis 80 Euro**,

im Fall der Uneinbringlichkeit mit einer Ersatzfreiheits-strafe zu bestrafen, die bei Geldstrafen gemäß lit. a) oder b) bis zu sechs Wochen betragen kann. Geldstrafen ge-mäß lit. c) können auch durch Organstrafverfügung ge-mäß § 50 VStG eingehoben werden.

Einstufung von Mängeln (Übertretungen) in Gefahrenkategorien

Werden bei Kontrollen Übertretungen der Gefahrgutvor-schriften festgestellt, so sind diese in Gefahrenkategorien einzustufen.

Nach dieser Einstufung richten sich dann auch die weite-ren Maßnahmen (z.B. Anordnung der Unterbrechung der Beförderung) sowie die Höhe der Geldstrafen.

Die Mängeleinstufung wird nach den Vorschriften des § 15a GGBG durchgeführt.

- § 15a GGBG

In Gefahrenkategorie I ist einzustufen, wenn der Mangel geeignet sein könnte, eine große Gefahr des Todes oder der schweren Verletzung von Personen oder einer erheb-lichen Schädigung der Umwelt herbeizuführen.

In Gefahrenkategorie II ist einzustufen, wenn der Mangel geeignet sein könnte, eine Gefahr der schweren Verletzung von Personen oder einer erheblichen Schädigung der Umwelt herbeizuführen und nicht in Gefahrenkategorie I einzustufen ist.

In Gefahrenkategorie III ist einzustufen, wenn der Mangel mit geringer Gefahr hinsichtlich Verletzung von Personen oder Schädigung der Umwelt verbunden und nicht in Gefahrenkategorie I oder II einzustufen ist.

6   Abfalltransport

Rechtsvorschriften

Europäische Rechtsvorschriften

Die Abfallverbringung (Einfuhr, Ausfuhr und Durchfuhr) ist in EU-Europa durch folgende Rechtsvorschriften geregelt:

→ die EG-Verordnung über die Verbringung von Abfällen (Verordnung (EG) Nr. 1013/2006)

→ die Verordnung (EG) Nr. 1418/2007 der Kommission über die Ausfuhr von bestimmten in Anhang III und IIIA der Verordnung (EG) Nr. 1013/2006 aufgeführten

Abfällen in bestimmte Nicht-OECD-Staaten, geändert durch

→ die Verordnung (EG) Nr. 740/2008 der Kommission zur Änderung der Verordnung (EG) Nr. 1418/2007 hinsichtlich der bei der Ausfuhr von Abfällen in bestimmte Staaten anzuwendenden Verfahren

→ die Verordnung (EG) Nr. 967/2009 der Kommission zur Änderung der Verordnung (EG) Nr. 1418/2007 über die Ausfuhr von bestimmten Abfällen, die zur Verwertung bestimmt sind, in bestimmte Nicht-OECD-Staaten

→ Anlaufstellen-Leitlinien zur Verordnung (EG) Nr. 1013/2006

Nationale Vorschriften

In Österreich sind im Zuge der Beförderung von Abfällen unter anderem folgende Rechtsvorschriften relevant:

→ Das Abfallwirtschaftsgesetz (AWG)

→ Die Abfallnachweisverordnung

→ Die Abfallverzeichnisverordnung

Nationale Beförderung von Abfällen

Abfallbegriff

Abfälle im Sinne des Abfallwirtschaftgesetzes sind bewegliche Sachen,

– deren sich der Besitzer entledigen will oder entledigt hat oder

– deren Sammlung, Lagerung, Beförderung und Behandlung als Abfall erforderlich ist, um die öffentlichen Interessen (§ 1 Abs. 3 AWG) nicht zu beeinträchtigen.

Dabei kommt es nicht auf den Wert der Sache an.
Unterschieden wird im Abfallwirtschaftsgesetz zwischen gefährlichen und nicht gefährlichen Abfällen.

Weiters wird unterschieden zwischen Abfällen, die zur Verwertung oder zur Beseitigung (dies sind Abfälle, die nicht verwertet werden können) bestimmt sind.

Wenn Zweifel bestehen, ob eine Sache Abfall ist oder nicht bzw., wie Abfälle zuzuordnen sind, haben die zuständigen Behörden Feststellungsbescheide zu erlassen.

Sammeln und Behandeln von Abfällen – Erlaubnispflicht

Wer Abfälle sammelt oder behandelt bedarf einer Erlaubnis durch den Landeshauptmann.

Ausnahmen von der Erlaubnispflicht

→ Personen, die ausschließlich im eigenen Betrieb anfallende Abfälle behandeln; diese Ausnahme gilt nicht für die Verbrennung und Ablagerung von Abfällen;

→ Transporteure, soweit sie Abfälle im Auftrag des Abfallbesitzers nur befördern;

→ Inhaber einer gleichwertigen Erlaubnis eines Mitgliedstaates der Europäischen Union oder eines anderen Staates, der Mitglied des EWR-Abkommens ist.

→ Sammel- und Verwertungssysteme;

→ Personen, die erwerbsmäßig Produkte abgeben in Bezug auf die Rücknahme (im Sinne von § 2 Abs. 6 Z 3 lit. b AWG) von Abfällen gleicher oder gleichwertiger Produkte, welche dieselbe Funktion erfüllen, zur Weitergabe an einen berechtigten Abfallsammler oder Abfallbehandler. Dies gilt nicht, sofern es sich bei den zurückgenommenen Abfällen um gefährliche Abfälle handelt und die Menge der zurückgenommenen gefährlichen Abfälle unverhältnismäßig größer ist als die Menge der abgegebenen Produkte; ein diesbezüglicher Nachweis ist zu führen und auf Verlangen der Behörde vorzulegen;

→ Personen, die nicht gefährliche Abfälle zum Nutzen der Landwirtschaft oder der Ökologie auf den Boden aufbringen;

→ Gebietskörperschaften und Gemeindeverbände, soweit sie gesetzlich verpflichtet sind, nicht gefährliche Abfälle zu sammeln und abzuführen;

→ Inhaber einer Deponie, in Bezug auf die Übernahme von Abfällen, für die der Inhaber der Deponie gemäß § 7 Abs. 5 AWG eine Ausstufung anzeigt.

Begleitscheinpflicht

Während der Beförderung der **gefährlichen Abfälle** – ausgenommen Problemstoffe – sind Begleitscheine mitzuführen, in denen Art, Menge, Herkunft und Verbleib der gefährlichen Abfälle und die Identifikationsnummer zu deklarieren sind. Besondere Gefahren, die mit der Behandlung verbunden sein können, sind bekannt zu geben.

AUSNAHME

Dies gilt nicht für die Übergabe von gefährlichen Abfällen von privaten Haushalten als Abfallersterzeuger.

Interne Transporte – Unterlagen / keine Begleitscheine

Im Falle einer Beförderung von gefährlichen Abfällen von einem Standort eines Abfallbesitzers zu einem anderen Standort desselben Abfallbesitzers (interner Transport) sind Unterlagen, die Angaben zum Abfall (Beschreibung), Name und Anschrift des Abfallbesitzers und den Bestimmungsort beinhalten, mitzuführen.
In diesem Fall muss kein Begleitschein mitgeführt werden.

Abfälle, die nicht zugestellt werden können.

Können die **gefährlichen Abfälle** nicht bestimmungsgemäß zugestellt werden, hat der Transporteur diese Abfälle dem Übergeber zurückzustellen. Ist dies nicht möglich oder für den Transporteur nicht zumutbar, hat er eine entsprechende Behandlung der gefährlichen Abfälle auf seine Kosten durchzuführen oder durchführen zu lassen. Ersatzansprüche an den Übergeber bleiben unberührt.

Bestimmungen über den Begleitschein

Der Begleitschein ist nach dem Vordruck der Abfallnachweisverordnung zu erstellen. Ein vom Vordruck abweichendes Transportpapier kann als Begleitschein verwendet werden, sofern sichergestellt ist, dass der Übernehmer die Begleitscheindaten gemäß § 7 Abfallnachweisverordnung elektronisch meldet und das Transportpapier sowohl die Bezeichnung „Begleitschein" trägt als auch die Bestimmungen der Abs. 3 bis 5 und des § 6 Abfallnachweisverordnung eingehalten werden.

Die Begleitscheine sind fortlaufend zu nummerieren. Jede Begleitscheinnummer darf nur einmal verwendet werden. Die Nummerierung ist jährlich neu zu beginnen.
Die Begleitscheine sind gemäß § 6 auszufüllen. Für jede Abfallart ist ein gesonderter Begleitschein zu verwenden. Alle Eintragungen auf den Begleitscheinen sind gut leserlich mit dauerhafter Schrift vorzunehmen. Ist an einer Eintragung eine nachträgliche Änderung vorzunehmen, so darf dies nur so erfolgen, dass die ursprüngliche Eintragung leserlich bleibt. Abschriften oder Durchschriften von Begleitscheinen sind als solche zu kennzeichnen.

Begleitpapier bei internen Transporten

Werden gefährliche Abfälle von einem Standort eines Abfallbesitzers zu einem anderen Standort desselben Abfallbesitzers verbracht, sind Unterlagen mit folgenden Angaben mitzuführen:

- Abfallbeschreibung;
- Masse des gefährlichen Abfalls in Kilogramm;
- Bestimmungsort und
- Name, Anschrift und Identifikationsnummer des Abfallbesitzers

Begleitpapier bei der nationalen Beförderung nicht gefährlicher Abfälle

Wer gewerbsmäßig nicht gefährliche Abfälle befördert, hat bei der Beförderung ein Dokument mitzuführen, aus welchem der Übergeber und der Übernehmer der Abfälle, die Masse der beförderten Abfälle in Kilogramm und eine kurze Beschreibung der beförderten Abfälle ersichtlich sind.

BEGLEITSCHEIN FÜR GEFÄHRLICHEN ABFALL

gemäß den §§ 5 bis 7 Abfallnachweisverordnung 2003 (ANVO 2003)

Abfallart	Abfallcode	Spez.	Masse in kg	R / D
				vorgesehenes Behandlungsverfahren
(Leerzeilen für Korrektur)				
1				
2				

ÜBERGABE

Name, Anschrift

Unterschrift

fortlaufende BS-Nr.* Jahr

gefährlicher Abfall übergeben von

Identifikationsnummer für Abfallbesitzer

Datum des Transportbeginns   PLZ Absendeort

Tag Monat Jahr

TRANSPORT

Name, Anschrift

Unterschrift

Art des Transports

1 = Straße
2 = Schiene
3 = Wasserweg
4 = Luftweg
5 = kombinierter Transport

ÜBERNAHME

Name, Anschrift

Unterschrift

fortlaufende BS-Nr.* Jahr

gefährlicher Abfall übernommen von

Identifikationsnummer für Abfallbesitzer

Datum des Empfangs   PLZ Empfangsort

Tag Monat Jahr

Bemerkungen

* alternativ

Hinweise zum Ausfüllen eines Begleitscheins

1. Für jede Abfallart ist bei jeder Übergabe ein gesonderter Begleitschein auszufüllen.
2. Das vorgesehene Behandlungsverfahren (R/D) ist gemäß Anhang 1 Spalte 1 der Abfallnachweisverordnung 2003 anzugeben.
3. Sofern nicht der Übernehmer bereits in der Rubrik "Übernahme" die fortlaufende Begleitscheinnummer (fortlaufende BS-Nr.) ausgefüllt hat, ist in der Rubrik "Übergabe" die fortlaufende Begleitscheinnummer des Übergebers einzutragen. Die Nummerierung ist jährlich neu zu beginnen.
4. Der Übergeber behält für seine Nachweisführung eine Abschrift oder Durchschrift des Begleitscheins. Der Begleitschein muss beim Transport mitgeführt und dem Übernehmer übergeben werden. Der Übernehmer behält für seine Nachweisführung eine Abschrift oder Durchschrift des Begleitscheins. Der Übernehmer übermittelt eine Abschrift oder Durchschrift des Begleitscheins innerhalb von vier Wochen nach Ablauf des Monats, in dem die Übernahme erfolgte, an den Übergeber. Abschriften oder Durchschriften von Begleitscheinen sind als solche zu kennzeichnen.
5. Der Übernehmer übermittelt den Begleitschein innerhalb von drei Wochen an den für den Übernehmer zuständigen Landeshauptmann. Die Begleitscheindaten können in Abstimmung mit dem Landeshauptmann auch elektronisch übermittelt werden.
6. Sind verschiedene Transporteure beteiligt, so hat der zweite und jeder weitere Transporteur die vorgeschriebenen Angaben unter der Rubrik "Bemerkungen" zu machen.

Begleitschein

Grenzüberschreitende Abfallverbringung

Für grenzüberschreitende Verbringungen von Abfällen sind die unionsrechtlichen Abfallvorschriften, insbesondere die EG-VerbringungsVO (Verordnung (EG) Nr. 1013/2006 über die Verbringung von Abfällen, ABl. Nr. L 190 vom 12.07.2006 S. 1), anzuwenden.

Für diese Transporte ist ein Notifizierungsverfahren bei der zuständigen Behörde am Versandort erforderlich. Eine Kopie des Notifizierungsformulars sowie das vorgesehene Begleitformular sind beim Transport mitzuführen. Die Muster für diese Formulare sind der Verordnung (EG) Nr. 1013/2006 als Anlage angehängt.

Zu unterscheiden ist, ob die Abfälle zur Beseitigung oder zur Verwertung befördert werden.

Notifizierungspflichtige Verbringungen

Alle Abfälle, die zur Beseitigung befördert werden, unterliegen der Notifizierungspflicht.

Weiters unterliegen Beförderungen von Abfällen zur Verwertung unter bestimmten Umständen der Notifizierungspflicht, wie zum Beispiel

→ Abfälle der „gelben Abfallliste"
    (vorwiegend gefährliche Abfälle)

→ Verbringung in bestimmte Staaten

In diesem Fall sind die nach der Verbringungsverordnung festgelegten Notifizierungs- und Begleitformulare vollständig ausgefüllt mitzuführen. Weiters kann es erforderlich sein, dass ein Bescheid gem. § 69 AWG mitgeführt werden muss.

ANHANG IA

Notifizierungsformular für grenzüberschreitende Verbringungen von Abfällen

EU

1. Exporteur — Notifizierender	Registriernummer:	3. Notifizierung Nr.:

1. Exporteur — Notifizierender   Registriernummer:

Name:

Anschrift:

Kontaktperson:

Tel.:   Fax:

E-Mail:

2. Importeur — Empfänger

Registriernummer:

Name:

Anschrift:

Kontaktperson:

Tel.:   Fax:

E-Mail:

8. Vorgesehene(s) Transportunternehmen

Registriernummer:

Name (7):

Anschrift:

Kontaktperson:

Tel.:   Fax:

E-Mail:

Transportart (5):

9. Abfallerzeuger (1)(7)(8)

Registriernummer:

Name:

Anschrift:

Kontaktperson:

Tel.:   Fax:

E-Mail:

Ort und Art der Abfallerzeugung (6):

10. Beseitigungsanlage (2): ☐   **oder Verwertungsanlage (2):** ☐

Registriernummer:

Name:

Anschrift:

Kontaktperson:

Tel.:   Fax:

E-Mail:

Ort der tatsächlichen Beseitigung/Verwertung:

---

3. Notifizierung Nr.:

Notifizierung betreffend

A. i) Einmalige Verbringung: ☐

   ii) Mehrmalige Verbringungen: ☐

B. i) Beseitigung (1): ☐

   ii) Verwertung: ☐

C. Verwertungsanlage mit Vorabzustimmung (2)(3)   Ja ☐   Nein ☐

4. Vorgesehene Gesamtzahl der Verbringungen:

5. Vorgesehene Gesamtmenge (kg/l) (4):

6. Vorgesehener Zeitraum für die Verbringung(en) (4):

Erster Beginn: Letzter Beginn:

7. Verpackungsart(en) (5):

Besondere Handhabungsvorschriften (6):   Ja ☐   Nein ☐

11. Beseitigungs-/Verwertungsverfahren (2)

D-Code / R-Code (5):

Angewandte Technologie (6):

Grund für die Ausfuhr (1)(6):

12. Bezeichnung und Zusammensetzung des Abfalls (6):

13. Physikalische Eigenschaften (5):

14. Abfallidentifizierung (einschlägige Codes angeben)

i) Basler Übereinkommen — Anlage VIII (oder IX, falls anwendbar):

ii) OECD-Code (falls abweichend von i):

iii) EU-Abfallverzeichnis:

iv) Nationaler Code im Ausfuhrland:

v) Nationaler Code im Einfuhrland:

vi) Sonstige (bitte angeben):

vii) Y-Code:

viii) H-Code (5):

ix) UN-Klasse (5):

x) UN-Kennnummer:

xi) UN-Versandname:

xii) Zollnummer(n) (HS):

Notifizierungsformular

15. Betroffene Staaten (a), Codenummern der zuständigen Behörden, sofern zutreffend (b), Ein- und Ausfuhrorts (c)

Ausfuhrstaat/Versandstaat	Durchfuhrstaaten (Ein- und Ausgang)			Einfuhrstaat/Empfängerstaat
a)				
b)				
c)				

16. Eingangs- und/oder Ausgangs- und/oder Ausfuhrzollstellen: (Europäische Gemeinschaft)

Eingang: Ausgang: Ausfuhr:

17. Erklärung des Exporteurs — Notifizierenden/Erzeugers (1):

Ich erkläre hiermit, dass die obigen Informationen nach meinem besten Wissen vollständig sind und der Wahrheit entsprechen. Ich erkläre ferner, dass ich rechtlich durchsetzbare vertragliche Verpflichtungen schriftlich eingegangen wurden und alle für die grenzüberschreitende Verbringung erforderlichen Versicherungen oder sonstigen Sicherheitsleistungen abgeschlossen bzw. hinterlegt wurden oder werden.

18. Anzahl der beigefügten Anhänge

Name des Exporteurs/Notifizierenden: Unterschrift: Datum:

Name des Erzeugers: Unterschrift: Datum:

VON DEN ZUSTÄNDIGEN BEHÖRDEN AUSZUFÜLLEN

19. Bestätigung der zuständigen Behörde des Einfuhrstaats — Empfängerstaats/ Durchfuhrstaats (1)/**Ausfuhrstaats — Versandstaats** (9):	**20. Schriftliche Zustimmung** (1)(8) der Verbringung durch die zuständige Behörde von (Land):
Land: Eingang der Notifizierung am: Eingang bestätigt am: Name der zuständigen Behörde: Stempel und/oder Unterschrift:	Zustimmung erteilt am: Zustimmung gültig vom: bis: Besondere Auflagen: Nein: ☐ Falls Ja, siehe Nr. 21 (6): ☐ Name der zuständigen Behörde: Stempel und/oder Unterschrift:

21. BESONDERE AUFLAGEN FÜR DIE ZUSTIMMUNG ZU DER VERBRINGUNG ODER GRÜNDE FÜR DIE EINWANDSERHEBUNG

(1) Gemäß dem Basler Übereinkommen erforderlich.
(2) Bei R12/R13- oder D13-D15-Verfahren auch einschlägige Informationen zu den nachfolgenden R1-R11- bzw. D1-D12-Anlagen beifügen, sofern erforderlich.
(3) Bei Verbringungen innerhalb der OECD auszufüllen, falls 8.ii) anwendbar.
(4) Bei mehrmaligen Verbringungen detaillierte Liste beifügen

(5) Siehe Liste der Abkürzungen und Codes auf der folgenden Seite.
(6) Erforderlichenfalls Einzelheiten angeben.
(7) Liste beifügen, falls mehr als ein Transportunternehmen bzw. Erzeuger.
(8) Wenn aufgrund nationaler Rechtsvorschriften erforderlich.
(9) Falls gemäß dem OECD-Beschluss erforderlich.

Notifizierungsformular – (Fortsetzung)

Abfalltransport

ANHANG IB

Begleitformular für grenzüberschreitende Verbringungen von Abfällen   EU

1. Entspricht der Notifizierung Nr.:	2. Fortlaufende Nummer/Gesamtzahl der Verbringungen: /

3. Exporteur — Notifizierender Registriernummer:	4. Importeur — Empfänger Registriernummer:
Name:	Name:
Anschrift:	Anschrift:
Kontaktperson:	Kontaktperson:
Tel.: Fax:	Tel.: Fax:
E-Mail:	E-Mail:

5. Tatsächliche Menge: kg: Liter:	6. Tatsächliches Datum der Verbringung:

7. Verpackung Art(en) (1):   Anzahl der Frachtstücke:

Besondere Handhabungsvorschriften (2)   Ja ☐   Nein: ☐

8 a) 1. Transportunternehmen (3):	8 b) 2. Transportunternehmen:	8 c) Letztes Transportunternehmen:
Registriernummer:	Registriernummer:	Registriernummer:
Name:	Name:	Name:
Anschrift:	Anschrift:	Anschrift:
Tel.:	Tel.:	Tel.:
Fax:	Fax:	Fax:
E-Mail:	E-Mail:	E-Mail:

-------- *Vom Beauftragten des Transportunternehmens auszufüllen* --------   *Mehr als 3 Transportunternehmen (2)*

Transportart (1):	Transportart (1):	Transportart (1):
Versanddatum:	Versanddatum:	Versanddatum:
Unterschrift:	Unterschrift:	Unterschrift:

9. Abfallerzeuger (4)(5)(6):	12. Bezeichnung und Zusammensetzung des Abfalls (2):
Registriernummer:	
Name:	
Anschrift:	
Kontaktperson:	
Tel.: Fax:	**13. Physikalische Eigenschaften** (1):
E-Mail:	
Ort der Abfallerzeugung (2):	**14. Abfallidentifizierung** (einschlägige Codes angeben)
	i) Basler Übereinkommen — Anlage VIII (oder IX, falls anwendbar):
10. Beseitigungsanlage ☐ oder **Verwertungsanlage** ☐	ii) OECD-Code (falls abweichend von i):
Registriernummer:	iii) EU-Abfallverzeichnis:
Name:	iv) Nationaler Code im Ausfuhrland:
Anschrift:	v) Nationaler Code im Einfuhrland:
	vi) Overige (specificeren):
Kontaktperson:	vii) Y-Code:
Tel.: Fax:	viii) H-Code (1):
E-Mail:	ix) UN-Klasse (1)
Ort der tatsächlichen Beseitigung/Verwertung (2):	x) UN-Kennnummer:
11. Beseitigungs-/Verwertungsverfahren	xi) UN-Versandname:
D-Code / R-Code (1):	xii) Zollnummer(n) (HS):

Begleitformular

15. Erklärung des Exporteurs — Notifizierenden/Erzeugers (4):

Ich erkläre hiermit, dass die obigen Informationen nach meinem besten Wissen vollständig sind und der Wahrheit entsprechen. Ich erkläre ferner, dass rechtlich durchsetzbare vertragliche Verpflichtungen schriftlich eingegangen wurden, alle für die grenzüberschreitende Verbringung erforderlichen Versicherungen oder sonstigen Sicherheitsleistungen abgeschlossen bzw. hinterlegt wurden und alle erforderlichen Zustimmungen der zuständigen Behörden der betreffenden Staaten vorliegen

Name: Unterschrift:

Datum:

---

16. Von sonstigen an der grenzüberschreitenden Verbringung beteiligten Personen auszufüllen, falls zusätzliche Informationen verlangt werden:

VON DER BESEITIGUNGS-/VERWERTUNGSANLAGE AUSZUFÜLLEN

17. Eingang bei der Beseitigungsanlage ☐	oder Verwertungsanlage ☐	**18. Ich bescheinige hiermit, dass die oben beschriebenen Abfälle beseitigt/ verwertet worden sind.**
Eingangsdatum: In Empfang genommen: ☐	Empfang verweigert*: ☐	
In Empfang genommene Menge: kg: Liter:	* zuständige Behörden unverzüglich informieren	Datum:
Ungefähres Datum der Beseitigung/Verwertung:		Name:
Beseitigungs-/Verwertungsverfahren (1):		
Datum:		Unterschrift und Stempel:
Name:		
Unterschrift:		

(1) Siehe Liste der Abkürzungen und Codes auf der folgenden Seite.
(2) Erforderlichenfalls Einzelheiten angeben.
(3) Bei mehr als 3 Transportunternehmen sind die unter Nr. 8 (a, b, c) verlangten Informationen beizufügen.
(4) Gemäß dem Basler Übereinkommen erforderlich.
(5) Liste beifügen, falls mehr als ein Abfallerzeuger.
(6) Wenn aufgrund nationaler Rechtsvorschriften erforderlich.

Begleitformular – (Fortsetzung)

Informationspflichtige Verbringungen

Abfälle, die zur Verwertung befördert werden, unterliegen je nach Fall entweder der Notifizierungspflicht oder nur der Informationspflicht. Wenn die Beförderung nur der Informationspflicht unterliegt, ist ein Formular nach nachstehendem Muster mitzuführen.

MITZUFÜHRENDE INFORMATIONEN FÜR DIE VERBRINGUNG DER IN ARTIKEL 3 ABSÄTZE 2 UND 4 GENANNTEN ABFÄLLE

Kennzeichnung der Fahrzeuge

Eine Kennzeichnung der Fahrzeuge nach den abfallrechtlichen Vorschriften ist in Österreich nicht vorgesehen.

→ ZU BEACHTEN:

Bei der Verbringung von Abfällen in andere Staaten können nationale Vorschriften dort eine Kennzeichnung vorschreiben!

Zum Beispiel sind unter anderem in Deutschland und in Italien solche Kennzeichnungen für Abfalltransporte erforderlich.

Beispiel für Kennzeichnungen:

Kennzeichnungen nach dem ADR

Kennzeichnung vorgeschrieben in Deutschland

Kennzeichnung vorgeschrieben in Italien

7   Transport lebender Tiere
Tiertransportvorschriften

Allgemeines

Wie beim Transport anderer Güter erfolgt auch die Beförderung lebender Tiere in der Regel im Rahmen wirtschaftlicher Tätigkeit. Um den Tieren Verletzungen und unnötige Leiden zu ersparen und ihren Bedürfnissen während des Transports in angemessener Weise Rechnung zu tragen, sind die Transporte und die damit zusammenhängenden Vorgänge gesetzlichen Regeln unterworfen.

Mit der

→ **Verordnung (EG) Nr. 1/2005 über den Schutz von Tieren beim Transport und damit zusammenhängenden Vorgängen**

regelt die Europäische Gemeinschaft die Beförderung von lebenden Tieren.

In dieser Vorschrift sind

- der Umgang mit Tieren während des Transportes
- die Verantwortlichkeiten der beteiligten Personen
- besondere Anforderungen an die Ausstattung der Fahrzeuge
- die Mitführungspflichten bestimmter Dokumente

festgelegt.

Umgesetzt in österreichisches Recht wurde diese Verordnung durch das

→ **Bundesgesetz über den Transport von Tieren und damit zusammenhängenden Vorgängen** (Tiertransportgesetz 2007 – TTG 2007)

Verantwortung des Fahrers

Durch die EU-Verordnung wird neben der Verantwortung des Transportunternehmers und des Organisators für die Transporte auch der Fahrer in die Pflicht genommen. Damit hat auch der Fahrer Sorge zu tragen für das Wohlergehen der Tiere während des Transportes, einschließlich der Be- und Entladevorgänge. Alle Personen müssen während der Vorgänge, für die sie zuständig sind, auf die Einhaltung der Rechtsvorschriften achten. Dazu müssen die Fahrer entsprechend ausgebildet sein. Sie müssen angemessen geschult sein und einen Befähigungsnachweis besitzen, der ihnen von einer durch die zuständigen Behörden zugelassenen unabhängigen Einrichtung nach umfassender erfolgreicher Schulung in Fragen des Schutzes von Tieren beim Transport erteilt wird.

Mit der Umsetzung in nationales Recht ist für innerstaatliche Tiertransporte von der Möglichkeit Gebrauch gemacht worden, Abweichungen von der EU-Verordnung zuzulassen.

Anforderungen an den Tiertransport

Allgemeine Bedingungen

Grundsätzlich gelten für alle Transporte allgemeine Bedingungen, die immer einzuhalten sind:

→ niemand darf eine Tierbeförderung durchführen oder veranlassen, wenn den Tieren dabei Verletzungen oder unnötige Leiden zugefügt werden könnten;

→ vor der Beförderung wurden alle erforderlichen Vorkehrungen getroffen, um die Beförderungsdauer so kurz wie möglich zu halten und den Bedürfnissen der Tiere während der Beförderung Rechnung zu tragen;

→ die Tiere müssen transportfähig sein;

→ die Transportmittel sind so konstruiert, gebaut und in Stand gehalten und werden so verwendet, dass den Tieren Verletzungen und Leiden erspart werden und ihre Sicherheit gewährleistet ist;

→ die Ver- und Entladevorrichtungen sind so konstruiert, gebaut und in Stand gehalten und werden so verwendet, dass den Tieren Verletzungen und Leiden erspart werden und ihre Sicherheit gewährleistet ist;

→ die mit den Tieren umgehenden Personen sind hierfür in angemessener Weise geschult oder qualifiziert und wenden bei der Ausübung ihrer Tätigkeit weder Gewalt noch sonstige Methoden an, die die Tiere unnötig verängstigen oder ihnen unnötige Verletzungen oder Leiden zufügen könnten;

→ der Transport zum Bestimmungsort erfolgt ohne Verzögerungen und das Wohlbefinden der Tiere wird regelmäßig kontrolliert und in angemessener Weise aufrechterhalten;

→ die Tiere verfügen entsprechend ihrer Größe und der geplanten Beförderung über ausreichend Bodenfläche und Standhöhe;

→ die Tiere werden in angemessenen Zeitabständen mit Wasser und Futter, das qualitativ und quantitativ ihrer Art und Größe angemessen ist, versorgt und können ruhen.

Zusatzbedingungen

In Abhängigkeit von der Länge der Transportstrecke bzw. der Dauer des Transportes sind zusätzliche Vorgaben zu berücksichtigen

Transporte bis 65 km

Für Transporte bis 65 km muss außerdem beachtet werden:

→ Mitführung von Transportpapieren mit den folgenden Angaben:

- Herkunft und Eigentümer der Tiere
- Versand- und vorgesehener Bestimmungsort
- Tag und Uhrzeit des Beginns der Beförderung
- voraussichtliche Dauer der geplanten Beförderung
- Beschilderung des Transporters mit **„Lebende Tiere"**
- Beachtung der Vorschriften für Transportmittel, wie Bodenfläche und Lichtquelle
- Anforderungen an Ver- und Entladevorrichtungen
- rutschfester desinfizierbarer Boden
- Schutzgeländer

Transporte mehr als 65 km

Für alle Transporte über eine Strecke von mehr als 65 km müssen die Transportunternehmer einen Befähigungs-nachweis und eine Zulassung Typ I als Transportunter-nehmer nach Art. 10 der VO (EG) 1/2005 vorweisen. Diese wird von der zuständigen Behörde erteilt, wenn unter anderem nachgewiesen wurde, dass das Unternehmen über

- ausreichendes und geeignetes Personal

  sowie über

- ausreichende und angemessene Ausrüstung und Verfahren zur Transportdurchführung verfügt.

Transport lebender Tiere

Zulassung des Transportunternehmers gemäß Artikel 10 Absatz 1

1. **ZULASSUNGSNUMMER DES TRANSPORTUNTERNEHMERS**	

2. **ANGABEN ZUR IDENTIFIZIERUNG DES TRANSPORTUNTERNEHMERS**	**TYP 1**
2.1. Firmenbezeichnung	**NICHT GÜLTIG** **FÜR LANGE BEFÖRDERUNGEN**

2.2. Anschrift

2.3. Stadt	2.4. Postleitzahl	2.5. Mitgliedstaat

2.6. Telefon	2.7. Fax	2.8. E-Mail

3. **ZULASSUNG BEGRENZT AUF BESTIMMTE**

Tierarten ☐   Verkehrsmittel ☐

Bitte erläutern:

Diese Zulassung ist gültig bis ....

4. **ZULASSUNGSBEHÖRDE**

4.1. Name und Anschrift der Behörde

4.2. Telefon	4.3. Fax	4.4. E-Mail

4.5. Datum	4.6. Ort	4.7. Amtssiegel

4.8. Name und Unterschrift des zuständigen Beamten

Transporte über 8 Stunden Dauer (Langstreckentransporte)

Besonders strengen Anforderungen unterliegen Transporte über eine Dauer von mehr als 8 Stunden. Diese dürfen nur von nach Art. 11 der VO (EG) 1/2005 zugelassenen Unternehmern durchgeführt werden. Diese Zulassung Typ II wird erteilt, wenn folgende Voraussetzungen erfüllt sind:

→ Fahrer und Betreuer verfügen über einen Befähigungsnachweis

→ Für die Transportmittel liegt ein Zulassungsnachweis vor
   Dazu müssen die Fahrzeuge u.a. verfügen über

   – ein Temperaturregelungssystem (mechanische Belüftungseinrichtungen, Temperaturschreiber, Warnsystem für den Fahrer)

   – einen ständigen Zugang zu einer Tränkvorrichtung

→ die Aufzeichnung für die Bewegung der Fahrzeuge muss gewährleistet sein.

Transport lebender Tiere

1. ZULASSUNGSNUMMER DES TRANSPORTUNTERNEHMERS		

2. ANGABEN ZUR IDENTIFIZIERUNG DES TRANSPORTUNTERNEHMERS 2.1. Firmenbezeichnung	**TYP 2** GÜLTIG FÜR ALLE BEFÖRDERUNGEN, EINSCHLIESSLICH LANGE BEFÖRDERUNGEN

2.2. Anschrift

2.3. Stadt	2.4. Postleitzahl	2.5. Mitgliedstaat
2.6. Telefon	2.7. Fax	2.8. E-Mail

3. ZULASSUNG BEGRENZT AUF BESTIMMTE

Tierarten ☐   Verkehrsmittel ☐

Bitte erläutern:

Diese Zulassung ist gültig bis ....

4. ZULASSUNGSBEHÖRDE
4.1. Name und Anschrift der Behörde

4.2. Telefon	4.3. Fax	4.4. E-Mail
4.5. Datum	4.6. Ort	4.7. Amtssiegel

4.8. Name und Unterschrift des zuständigen Beamten

Befähigungsnachweis für Fahrer und Betreuer gemäß Artikel 17 Absatz 2

1. ANGABEN ZUR IDENTIFIZIERUNG DES FAHRERS/BETREUERS (¹)	
1.1. Familienname	

1.2. Vornamen	

1.3. Geburtsdatum	1.4. Geburtsland und Geburtsort	1.5. Staatsangehörigkeit

2. NUMMER DES BEFÄHIGUNGSNACHWEISES
2.1. Diese Urkunde ist gültig bis

3. AUSSTELLUNGSSTELLE
3.1. Name und Anschrift der den Befähigungsnachweis ausstellenden Stelle

3.2. Telefon	3.3. Fax	3.4. E-Mail

3.5. Datum	3.6. Ort	3.7. Amtssiegel
3.8. Name und Unterschrift		

(¹) Nichtzutreffendes streichen.

Zulassungsnachweis für Straßentransportmittel für lange Beförderungen gemäß Artikel 18 Absatz 2

1. **AMTLICHES KENNZEICHEN**	
1.2. Navigationssystem vorhanden: JA NEIN	
2. Für den Transport zugelassene Tierarten	
3. **FLÄCHE IN M²/LADEDECK**	
4. Diese Urkunde ist gültig bis	
5. **AUSSTELLUNGSSTELLE**	
5.1. Name und Anschrift der den Zulassungsnachweis ausstellenden Stelle	

5.2. Telefon	5.3. Fax	5.4. E-Mail
5.5. Datum	5.6. Ort	5.7. Amtssiegel
5.8. Name und Unterschrift		

Nationale Vorschriften

Das Tiertransportgesetz (TTG) sieht für bestimmte Tiertransporte Ausnahmeregelungen vor.

- **§ 18 TTG – Höchstdauer für innerstaatliche Beförderungen**

(1) Im Sinne von Art. 1 Abs. 3 der Verordnung (EG) Nr. 1/2005 wird für Schlachttiere eine Beförderungsdauer für innerösterreichische Transporte, bei denen Versand- und Bestimmungsort in Österreich liegen, von 4,5 Stunden festgelegt. Wenn es aus geographischen, strukturellen Gründen oder aufgrund von aufrechten Verträgen notwendig ist, darf die Beförderungsdauer auf maximal 8 oder im Falle von Transporten, bei denen aufgrund kraftfahrrechtlicher Bestimmungen Lenkerpausen einzuhalten sind, auf 8,5 Stunden verlängert werden. Im Rahmen der Pausen ist dem Wohl der Tiere bestmöglich Rechnung zu tragen.

(2) Im Sinne von Art. 1 Abs. 3 der Verordnung (EG) Nr. 1/2005 wird für Nutz- und Zuchttiere sowie Legehennen am Ende ihrer Nutzungsdauer, die für die Schlachtung vorgesehen sind, eine Höchstbeförderungsdauer für innerösterreichische Transporte, bei denen Versand- und Bestimmungsort in Österreich liegen, von acht Stunden festgelegt. Im Einzelfall ist, wenn es aufgrund der geographischen Gegebenheiten unumgänglich ist, eine Verlängerung der in Abs. 1 angeführten maximalen Beförderungsdauer auf maximal zehn Stunden zulässig. Wobei die aufgrund kraftfahrrechtlicher Bestimmungen einzuhaltenden Pausen auch zur Versorgung der transportierten Tiere einzuhalten sind.

- ## § 19 TTG – Ausnahmen betreffend die Durchführung von Beförderungen über acht Stunden

Im Falle von Beförderungen im Inland oder aus dem Inland in einen benachbarten Mitgliedstaat der Europäischen Union können Straßentransportmittel, für die Erleichterungen gemäß Art. 18 Abs. 4 der Verordnung (EG) Nr. 1/2005 gestattet sind, verwendet werden, wenn sichergestellt ist, dass der letzte Bestimmungsort in maximal zehn Stunden erreicht werden kann.

Transportdauer und Unterbrechungen

Zusätzlich zu den vorgenannten Vorschriften ist je nach Lebensalter und Art der Tiere eine maximale Transportdauer festgelegt:

→ noch nicht entwöhnte Tiere, d.h. Tiere, die noch gesäugt werden: 9 Stunden Transport, dann 1 Stunde Ruhezeit mit Tränke, dann 9 Stunden Transport

→ Schweine – 24 Stunden Transport bei ständigem Zugang zu Trinkwasser);

→ Pferde – 24 Stunden Transport mit Tränke alle 8 Stunden;

→ Rinder, Schafe und Ziegen – 14 Stunden Transport, dann 1 Stunde Ruhezeit mit Tränke, dann 14 Stunden Transport.

Die genannten Transportabschnitte können wiederholt werden, wenn die Tiere an einer zugelassenen Kontrollstelle entladen, gefüttert und getränkt werden und 24 Stunden Ruhezeit haben.

Mitzuführende Unterlagen

Personen, die Tiere transportieren, sind verpflichtet, im Transportmittel **Begleitpapiere** mitzuführen, aus denen Folgendes hervorgeht

→   Herkunft und Eigentümer der Tiere;

→   Versandort;

→   Tag und Uhrzeit des Beginns der Beförderung;

→   vorgesehener Bestimmungsort;

→   voraussichtliche Dauer der geplanten Beförderung.

Bei grenzüberschreitenden Langstreckentransporten müssen die Transportunternehmer darüber hinaus ein **Fahrtenbuch** besitzen, das nach einem einheitlichen Muster vom Organisator des Transports angelegt wurde und eine Reihe von Angaben zum Transport enthält, wie etwa Tiere und Betreuer, Versand- und Bestimmungsort, Kontrollen während der einzelnen Transportphasen usw.

PLANUNG

1.1. ORGANISATOR Name und Anschrift (°) (°)			1.2. Name der für die Beförderung zuständigen Person		
			1.3. Telefon/Telefax		
2. VORAUSSICHTLICHE GESAMTBEFÖRDERUNGSDAUER (Stunden/Tage)					
3.1. VERSANDland und -ort			4.1. BESTIMMUNGSland und -ort		
3.2. Datum	3.3. Uhrzeit		4.2. Datum		4.3. Uhrzeit
5.1. Tierart	5.2. Anzahl Tiere	5.3. Nummer(n) der Veterinärbescheinigung(en)			
5.4. Gesamtgewicht der Sendung in kg (Schätzwert):		5.5. Für die Sendung voraussichtlich erforderliche Gesamtfläche (in m²):			

6. LISTE DER VORAUSSICHTLICHEN RUHE-, UMLADE- ODER AUSGANGSORTE					
6.1. Namen der Orte, an denen die Tiere ruhen oder umgeladen werden sollen (einschließlich Ausgangsorte)	6.2. Ankunft		6.3. Dauer (in Stunden)	6.4. Name und Zulassungsnummer des Transportunternehmers (soweit es sich nicht um den Organisator handelt)	
	Datum	Uhrzeit			

7. Der Unterzeichnete erklärt, für die Organisation der Beförderung verantwortlich zu sein und geeignete Vorkehrungen getroffen zu haben, um das Wohlbefinden der Tiere nach Maßgabe der Verordnung (EG) Nr. 1/2005 des Rates während der gesamten Beförderungsdauer zu gewährleisten.
8. Unterschrift des Organisators

(°) Organisator: Siehe die Definition in Artikel 2 Buchstabe q) der Verordnung (EG) Nr. 1/2005.
(°) Ist der Organisator ein Transportunternehmer, so ist die Zulassungsnummer anzugeben.

Muster Fahrtenbuch

MUSTERFORMULAR: MITTEILUNG VON UNREGELMÄSSIGKEITEN Nr. ...

Eine Kopie der Mitteilung von Unregelmäßigkeiten wird den zuständigen Behörden zusammen mit einer Kopie von Abschnitt 1 des Fahrtenbuches übermittelt.

1. **MITTEILENDER:** Name, Amtsbezeichnung und Anschrift	

2.	Mitgliedstaat und Ort, an dem die Unregelmäßigkeit festgestellt wurde	**3.**	Datum und Uhrzeit, zu der die Unregelmäßigkeit festgestellt wurde

4.   **ART DER UNREGELMÄßIGKEIT(EN)** gemäß der Verordnung (EG) Nr. 1/2005

4.1.	Transportfähigkeit ([1])	☐	4.6. Raumangebot ([6])	☐
4.2.	Transportmittel ([2])	☐	4.7. Transportunternehmerzulassung ([7])	☐
4.3.	Transportpraxis ([3])	☐	4.8. Befähigungsnachweis (Fahrer) ([8])	☐
4.4.	Beförderungsdauer ([4])	☐	4.9. Angaben im Fahrtenbuch	☐
4.5.	Zusätzliche Bedingungen für lange Beförderungen ([5])	☐	4.10. Sonstiges	☐

4.11. Anmerkungen:

5.	Der Unterzeichnete erklärt, die vorgenannte Tiersendung unter den in dieser Mitteilung geäußerten Vorbehalten hinsichtlich der Einhaltung der Vorschriften der Verordnung (EG) Nr. 1/2005 über den Schutz von Tieren beim Transport und allen damit zusammenhängenden Vorgängen kontrolliert zu haben.

6.	**Datum und Uhrzeit der Mitteilung an die zuständige Behörde**	**7.**	Unterschrift des Mitteilenden

---

([1]) Anhang I Kapitel I und Kapitel VI, Nummer 1.9.
([2]) Anhang I Kapitel II und Kapitel IV.
([3]) Anhang I Kapitel III.
([4]) Anhang I Kapitel V.
([5]) Anhang I Kapitel VI.
([6]) Anhang I Kapitel VII.
([7]) Artikel 6.
([8]) Artikel 6 Absatz 5.

Transport lebender Tiere

VERSANDORT

1.	TIERHALTER (ᵃ) am Versandort – Name und Anschrift (soweit es sich nicht um den Organisator gemäß Abschnitt 1 handelt)				
2.	Versandmitgliedstaat und -ort (ᵇ)				
3.	Datum und Uhrzeit des Verladens des ersten Tieres (ᵇ)	4.	Zahl der verladenen Tiere (ᵇ)	5.	Angaben zur Identifizierung des Transportmittels
6.	Der Unterzeichnete erklärt, dass er beim Verladen der Tiere anwesend war. Er erklärt ferner nach bestem Wissen, dass die vorgenannten Tiere zum Zeitpunkt des Verladens transportfähig waren und die Einrichtungen und Verfahren für den Umschlag der Tiere den diesbezüglichen Vorschriften der Verordnung (EG) Nr. 1/2005 über den Schutz von Tieren beim Transport und allen damit zusammenhängenden Vorgängen entsprochen haben.				
7.	Unterschrift des Tierhalters am Versandort				
8.	ZUSÄTZLICHE KONTROLLEN AM VERSANDORT				
9.	TIERARZT am Versandort (Name und Anschrift)				
10.	Der Unterzeichnete erklärt, das Verladen der vorgenannten Tiere überwacht und genehmigt zu haben. Er erklärt ferner nach bestem Wissen, dass die Tiere zum Zeitpunkt des Versands transportfähig waren und Transportmittel sowie Verladepraxis den diesbezüglichen Vorschriften der Verordnung (EG) Nr. 1/2005 entsprochen haben.				
11.	Unterschrift des Tierarztes				

(ᵃ) Tierhalter: siehe Definition gemäß Artikel 2 Buchstabe k) der Verordnung (EG) Nr. 1/2005.
(ᵇ) Falls abweichend von Abschnitt 1.

BESTIMMUNGSORT

1. **TIERHALTER** am Bestimmungsort/**AMTLICHER TIERARZT** – Name und Anschrift ([^a])	

2. Bestimmungsmitgliedstaat und -ort/Kontrollstelle ([^b])	3.	Datum und Uhrzeit der Kontrolle

4. **DURCHGEFÜHRTE KONTROLLEN**	5. **KONTROLLERGEBNISSE**	
	5.1. KONFORMITÄT	5.2. VORBEHALT(E)
4.1. Transportunternehmer — Zulassungsnummer ([^b])	☐	☐
4.2. Fahrer — Nummer des Befähigungsnachweises	☐	☐
4.3. Transportmittel — Identifizierung ([^c])	☐	☐
4.4. Raumangebot — Durchschnittsfläche/Tier in m^2	☐	☐
4.5. Angaben im Fahrtenbuch und Einhaltung der Beförderungsdauer	☐	☐

4.6. Tiere (Anzahl Tiere jeder Kategorie angeben)

Gesamtzahl der kontrollierten Tiere	TU-transportunfähig	V-verendet	TF-transportfähig

6. Ich, der Tierhalter am Bestimmungsort/amtlicher Tierarzt erkläre, die Tiersendung kontrolliert zu haben. Nach meiner Kenntnis wurden die oben stehenden Ergebnisse zum Zeitpunkt der Untersuchung aufgezeichnet. Es ist mir bekannt, dass die zuständigen Behörden so schnell wie möglich über etwaige Vorbehalte und in jedem Falle bei Vorfinden eines verendeten Tieres informiert werden müssen.

7. Unterschrift des **Tierhalters** am Bestimmungsort/**amtlicher Tierarzt** (mit Amtssiegel)

([^a]) Nichtzutreffendes streichen.
([^b]) Falls abweichend von Abschnitt 1.
([^c]) Falls abweichend von Abschnitt 2.

ERKLÄRUNG DES TRANSPORTUNTERNEHMERS

VOM FAHRER WÄHREND DER BEFÖRDERUNG AUSZUFÜLLEN UND DEN ZUSTÄNDIGEN BEHÖRDEN DES VERSANDORTES INNERHALB EINES MONATS NACH DEM ZEITPUNKT DER ANKUNFT AM BESTIMMUNGSORT VORZULEGEN.

Tatsächlicher Transportweg – Ruheorte, Umladeorte, Ausgangsorte

Ort und Anschrift	Ankunft		Abfahrt		Aufenthaltsdauer	Begründung
	Datum	Uhrzeit	Datum	Uhrzeit		

Datum und Uhrzeit der Ankunft am Bestimmungsort

Begründung für Abweichungen des tatsächlichen Transportwegs vom geplanten Transportweg/Sonstige Bemerkungen

Anzahl der während der Beförderung aufgetretenen Verletzungen und/oder Todesfälle bei den Tieren und Gründe dafür

Name und Unterschrift des FAHRERS/der FAHRER

Name und Zulassungsnummer des TRANSPORTUNTERNEHMERS

Hiermit bestätige ich als Transportunternehmer, dass die in dieser Erklärung gemachten Angaben zutreffen; ich bin mir dessen bewusst, dass jedes Vorkommnis während der Beförderung, bei der Tiere zu Tode kommen, den zuständigen Behörden des Versandorts zu melden ist.

Datum und Ort

Unterschrift des Transportunternehmers

Anforderung an die Fahrzeuge

Auszugsweise werden hier die wichtigsten Anforderungen an die Fahrzeuge zur Tierbeförderung dargestellt.

Reinigung der Transportmittel

Die Transportmittel und allfällige Transportbehältnisse sind nach jedem Transport zu reinigen und gegebenenfalls zu desinfizieren. (§ 15 Abs. 1 Z 3 TTG)

Tierseuchenrechtliche Bestimmungen für Transporte, die NICHT dem Tiertransportgesetz unterliegen:

Insoweit die Beförderung von Tieren, die dem Tierseuchengesetz unterliegen, nicht in den Regelungsbereich des Tiertransportgesetzes 2007 fallen, sind beim Transport von Wiederkäuern, Einhufern, Schweinen und Geflügel mittels Schienenfahrzeugen, Schiffen, Kraftfahrzeugen (Anhängern) und Luftfahrzeugen folgende Mindestbedingungen einzuhalten:

1. die verwendeten Transportmittel müssen leicht zu reinigen und desinfizieren sein;

2. die Transportmittel oder Transportbehältnisse müssen undurchlässige Böden aufweisen und so beschaffen sein, dass das Herausfallen von Streu und Exkrementen und das Abfließen von Harn und Sekreten bestmöglich verhindert wird;

Anforderungen an Transportmittel nach der Verordnung (EG) 1/2005

Transportmittel, Transportbehälter und ihre Ausrüstungen sind so konstruiert und gebaut und sind so instand zu halten und zu verwenden, dass

→ Verletzungen und Leiden der Tiere vermieden werden und ihre Sicherheit gewährleistet ist;

→ die Tiere vor Wetterunbilden, Extremtemperaturen und Klimaschwankungen geschützt sind, d.h. sie müssen stets überdacht sein;

→ sie leicht zu reinigen und zu desinfizieren sind;

→ die Tiere nicht entweichen oder herausfallen und den Belastungen durch Bewegungen des Transportmittels standhalten können;

→ für die beförderte Tierart eine angemessene und ausreichende Frischluftzufuhr gewährleistet ist;

→ die Tiere zur Kontrolle und Pflege zugänglich sind;

→ die Bodenfläche rutschfest ist;

→ die Bodenfläche so beschaffen ist, dass das Ausfließen von Kot oder Urin auf ein Mindestmaß beschränkt wird;

→ eine zur Kontrolle und Pflege der Tiere während des Transports ausreichende Lichtquelle gewährleistet ist.

→ Innerhalb des Laderaums und auf jedem Zwischendeck steht genügend Platz zur Verfügung, damit eine angemessene Luftzirkulation über den stehenden Tieren gewährleistet ist, wobei ihre natürliche Bewegungsfreiheit auf keinen Fall eingeschränkt werden darf.

→ Die Trennwände sind fest genug, um dem Gewicht der Tiere standhalten zu können. Sie sind so konzipiert, dass sie schnell und leicht versetzt werden können.

→ Ferkel von weniger als 10 kg, Lämmer von weniger als 20 kg, weniger als sechs Monate alte Kälber und weniger als vier Monate alte Fohlen werden mit Einstreu oder gleichwertigem Material versorgt, um ihnen in Abhängigkeit von der Art und der Zahl der beförderten Tiere, der Beförderungsdauer und den Witterungsbedingungen Bequemlichkeit zu sichern. Exkremente müssen ausreichend absorbiert werden können.

→ Fahrzeuge, in denen Tiere befördert werden, tragen eine deutlich lesbare und sichtbare Beschilderung dahin gehend, dass sie mit lebenden Tieren beladen sind, außer wenn die Tiere in Transportbehältern transportiert werden, die eine Beschilderung gemäß Nummer 5.1 Verordnung (EG) 1/2005 tragen.

Zusätzliche Bedingungen für lange Beförderungen von Hausequiden, Hausrindern, Hausschafen, Hausziegen und Hausschweinen

→ Die Transportmittel haben ein Dach von heller Farbe und sind ausreichend isoliert.

→ Die Laderäume sind mit geeigneter Einstreu oder gleichwertigem Material auszulegen, um den Tieren in Abhängigkeit von der Art und der Zahl, der Beförderungsdauer und den Witterungsbedingungen Bequemlichkeit zu sichern. Exkremente müssen ausreichend absorbiert werden können.

→ Das Transportmittel muss mit beweglichen Trennwänden ausgestattet sein, damit separate Laderäume geschaffen werden können, wobei der ungehinderte Zugang aller Tiere zu Wasser sichergestellt sein muss.

→ Trennwände müssen so konzipiert sein, dass sie positioniert werden können, um die Größe des Laderaums den besonderen Bedürfnissen sowie der Art, Größe und Anzahl der Tiere anzupassen.

→ Transportmittel und Schiffscontainer müssen mit einem Wasserversorgungssystem ausgestattet sein, das es dem Betreuer ermöglicht, während der Beförderung jederzeit sofort Wasser nachzufüllen, damit jedes Tier ständig Frischwasser zur Verfügung hat.

→ Die Tränkevorrichtungen müssen stets voll funktionsfähig und so konstruiert und positioniert sein, dass sie für alle an Bord des Fahrzeugs zu tränkenden Kategorien von Tieren zugänglich sind.

→ Das Gesamtfassungsvermögen der Wasservorratsbehälter jedes Transportmittels muss mindestens 1,5 % seiner Höchstnutzlast betragen. Die Vorratsbehälter müssen so konstruiert sein, dass sie nach jeder Beförderung geleert und gereinigt werden können, und mit einem Wasserstandmesser ausgerüstet sein. Sie müssen an Tränkevorrichtungen innerhalb der Laderäume angeschlossen und stets funktionstüchtig sein.

→ Belüftungssysteme in Straßentransportmitteln müssen so konzipiert und konstruiert sein und so gewartet werden, dass zu jedem Zeitpunkt während der Beförderung und unabhängig davon, ob das Transportmittel steht oder fährt, je nach Außentemperatur für alle Tiere innerhalb des Transportmittels Temperaturen in einem Bereich zwischen 5 °C und 30 °C, mit einer Toleranz von ± 5 °C, gehalten werden können.

→ Die Lüftungssysteme müssen innerhalb des Laderaums eine gleichmäßige Luftzirkulation mit einer Minimalluftrate von 60 m^3/h/KN Nutzlast gewährleisten können. Sie müssen unabhängig vom Fahrzeug-motor mindestens vier Stunden lang funktionieren.

→ Straßentransportmittel müssen mit einem Tempera-turüberwachungssystem und mit einem Datenschrei-ber ausgestattet sein. Sensoren sind je nach Bau-weise des Lastkraftwagens dort anzubringen, wo mit den extremsten Klimabedingungen zu rechnen ist. Die auf diese Weise erstellten Temperaturaufzeich-nungen werden datiert und der zuständigen Behörde auf Verlangen hin zur Verfügung gestellt.

→ Straßentransportmittel müssen mit einem Warnsys-tem ausgestattet sein, das den Fahrer alarmiert, wenn die Temperatur in Laderäumen, in denen Tiere befördert werden, ihren zulässigen Höchst- bzw. Min-destwert erreicht.

→ Straßentransportmittel müssen ab 1. Januar 2007 bei zum ersten Mal eingesetzten Straßentransportmitteln und ab 1. Januar 2009 bei sämtlichen Transportmit-teln mit dem entsprechenden Navigationssystem ausgestattet sein, mit dem Informationen, die den Angaben im Fahrtenbuch gemäß Anhang II Ab-schnitt 4 gleichwertig sind, und Informationen über das Öffnen/Schließen der Ladebordwand aufge-zeichnet und übermittelt werden können.

Nachstehend sollen einige Bilder veranschaulichen, wie Tiertransporte nicht durchgeführt werden dürfen:

Tiere müssen während der Beförderung in Abhängigkeit von ihrer Art und Größe über ein bestimmtes Raumangebot verfügen

Die Bodenfläche ist mit ausreichend Einstreu abzudecken

*Transportmittel müssen so gebaut und gewartet sein,
dass sich Tiere nicht verletzen können*

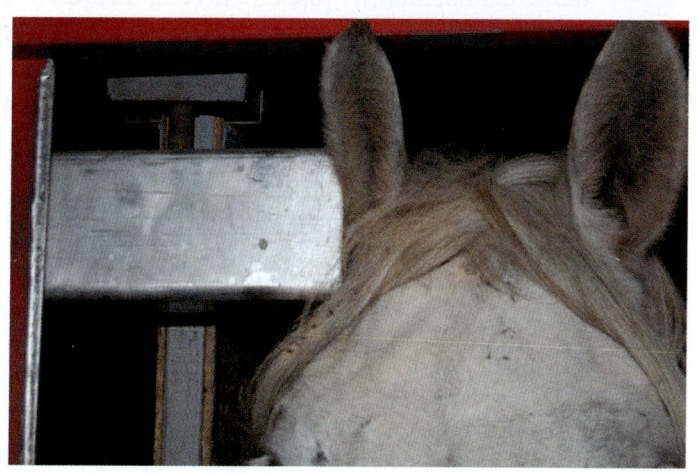

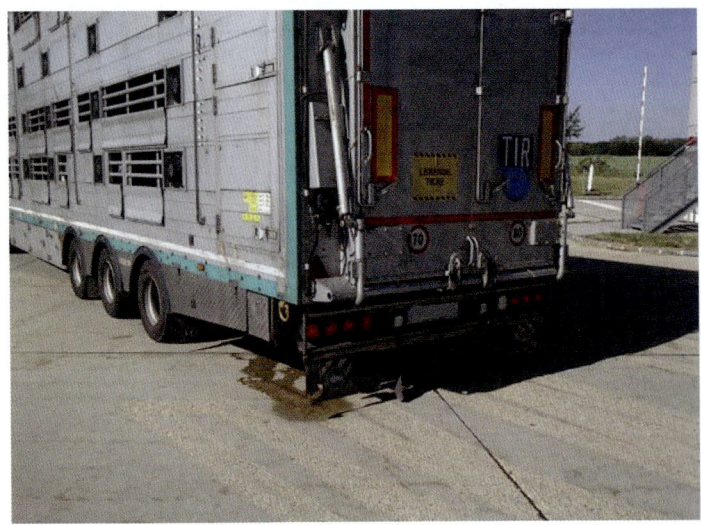

Exkremente, die aus dem Transportfahrzeug austreten